프로바둑강좌/고급이상 **5**

공격의 묘
방어의 묘

9단 山部俊郎 지음

프로바둑 연구회 편

도서
출판 **眞華堂**

프로바둑강좌 · 고급이상 5

당신도 유단자가 될 수 있다

공격의 묘
방어의 묘

9단 山部俊郎 지음
프로바둑연구회 편

도서
출판 眞華堂

머리말

　이 책에서는 '공격의 묘'와 '방어의 묘'에 관한 여러가지의 문제를 다루어 보았다.

　기사(棋士)에게 있어서는 무엇보다도 공격의 패턴과 방어의 타입이 중요한 관건의 하나가 된다.

　바둑은 처음부터 끝까지 '공격'과 '방어'로 일관되는 두뇌의 싸움이다. 따라서 기사들 중 대세(大勢)에 밝은 사람도, 전투보다는 머리로 이기려고 하는 경향이 짙어가고 있다. 전국(戰局)을 주도하는 것은 부분적인 싸움이 아니라 대세(大勢)를 가름하는 전략(戰略)에 달려 있기 때문이다.

　똑같은 수수(手數)를 가지고도 효과적으로 상대방의 세력을 견제하고, 아울러 자기쪽의 집을 많이 확보하는 것이 바둑의 도리이다. 단순히 싸우는 바둑만으로는 대세를 이끌어갈 수가 없다. '머리로 두는 바둑'이어야만 전국(戰局)의 주도권을 잡을 수가 있는 것이다.

　요컨대 '머리의 바둑'은 '공격을 겸한 방어'이자 '방어를 겸한 공격'이라는 점이다. 여기에 공격과 방어의 '기막힌 묘(妙)'가 있다.

이 책은 실전에서 충분히 활용할 수 있도록, 단계
적으로 문제를 엄선·수록하였으므로 신경을 써서
공부한다면 흡족한 성과를 올릴 수 있으리라 확신한
다.

저 자 씀.

차 례 *

제 1 형 귀의 다른 형

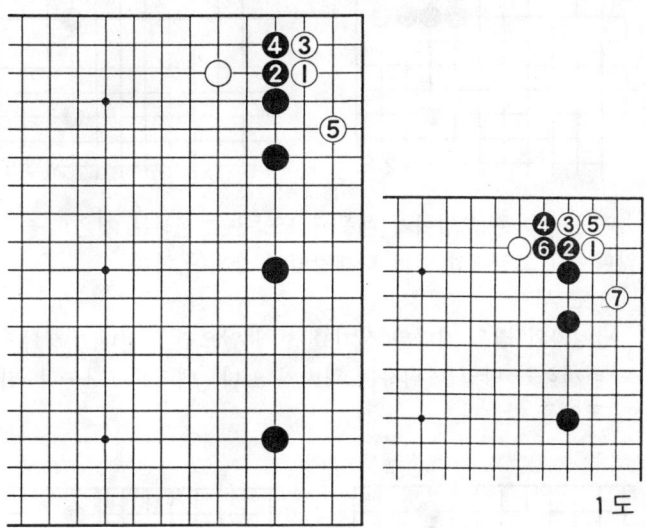

1 도

제 1 형 보는 것처럼 귀의 변화에서 나타난 것으로 공방(政防) 이 관건이 되는 문제. 나의 지도기에서 찬(撰) 한 것으로서 배석을 보면 백 1 로 3·3에 깊숙이 들어가 흑 4 로 당연히 내려서서 백 5 까지 되었다. 다음의 한 수는 어딜까? 단순하게 타개하여선 안된다. 정석에 없는 수로 흑의 다음 착수가 어지럽다. 평범한 수로는 백의 타개 방법이 다르게 변한다. 배워둘만한 수.

1 도 젖힘 백 1, 흑 2 다음 백3,5의 젖힘이 상용의 수법으로 흑 6 으로 이으면 7 까지 된다.

2 도 정석 흑 1 로 붙이면 백2,4로 나와 5 로 막을 때 6 으로 잇지 않으면 안된다. 백의 실리와 흑의 두터움의 갈림길.

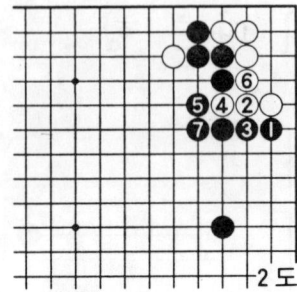

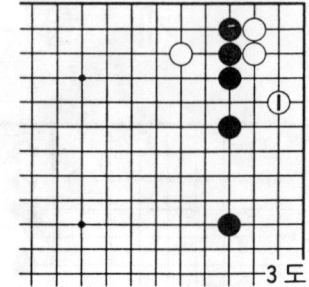

혹은 두터운 모양이기 때문에 모양을 결정하는 것은 좋지 않다. 이 모양에선 백의 타개방법이 좋지 못하다.

3 도 시기

· 날일자의 뜀은 적당한 시기를 보지 않으면 안된다. 정석으로 타개하는 방법을 피하는 의미가 있다. 백 1 로 단순히 뛰어 모양을 갖춘다.

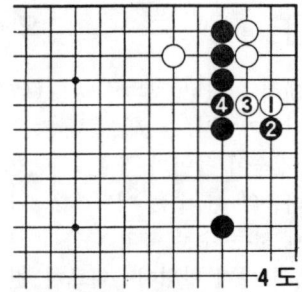

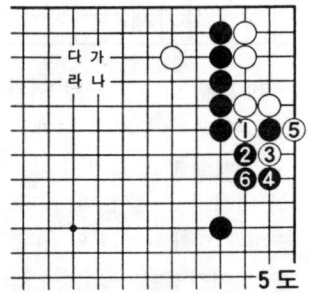

4 도 위를 막음 백 1 에는 흑 2 가 당연하다. 이때 백 3 으로 나오면 10중 열사람은 위를 막는다. 계속하여 백은,

5 도 끊어 잡음 백 1,3 에서 5 까지 흑 1 점을 취하고 흑 6 으로 이어 선수다. 다음 백 ㉔ 또는 ㉕㉖,㉗의 곳으로 둘 수 있다. 백이 불만스럽지 않은 결과.

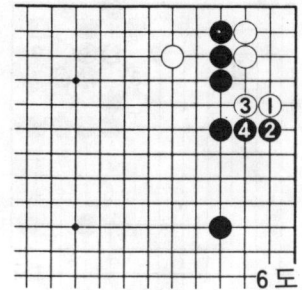

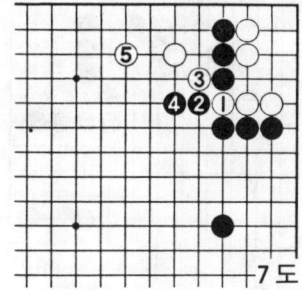

6 도

7 도

6 도 변을 이음 백1, 흑2 는 누가 두어도 이의가 없을 곳이다. 흑4 까지 변의 발전에 주력.

7 도 나와서 **끊음** 다음에 백1 로 나와 3 으로 끊는 수가 있다. 흑4 로 뻗어서 윗쪽의 3 점을 버린다. 백5 로 되고 보면 실리가 너무 커 변의 세력으로 너무 손해가 크다.

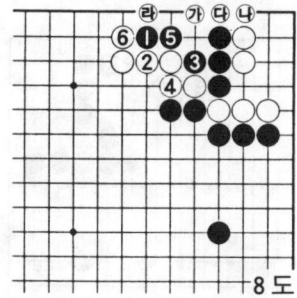

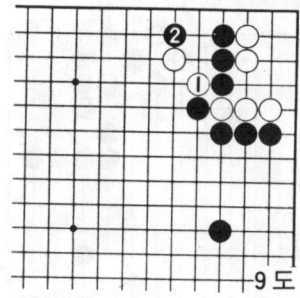

8 도

9 도

8 도 수상전 전도에서 흑1 치중 다음 3,5로 타개하려 하면 백6 의 수로 그만이다. 이다음 흑㉮면 백㉯로 흑㉰를 응수시킨 다음 백㉺로 그만이다.

9 도 붙임 3 점을 사석으로 이용하는 수는 없을까 생각해 보자. 백1 로 끊을때 흑2 로 붙이면 어떨까? 귀의 백에 대하여 수가 성립하지 않을까?

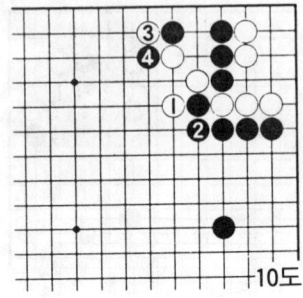
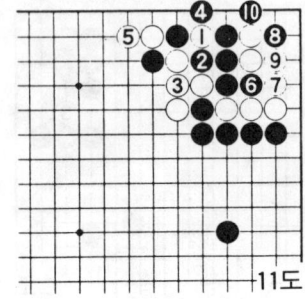

10도

11도

　10도 **붙이고 끊음** 흑의 붙임에는 백1로 흑2를 응수시키고 백3으로 젖힌다. 이다음 흑4로 맞끊어오면 백의 응수는?

　11도 **흑승** 흑의 끊음은 절대여서 백1로 한 점을 단수하면 흑2로 백3을 기다려 흑4로 한 점을 때린다.　백5 다음 흑6으로 백7을 강요하고 흑8,10으로 그만이다.

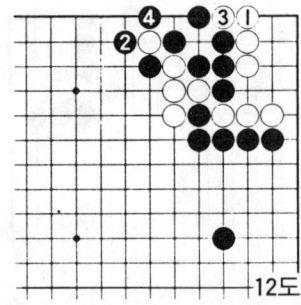
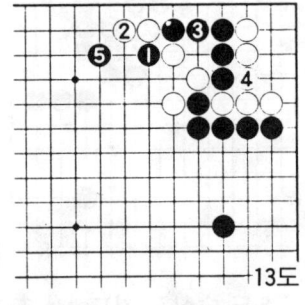

12도

13도

　12도 **흑 좋음** 전도 백5로 뻗지 않고 백1로 귀를 지키면 흑2로 한 점을 단수한다. 백3에는 흑4로 때려내면 안전하다.

　13도 **뻗음** 흑1로 끊을 때 백은 2로 뻗는다. 흑3으로 이어서 11도의 맥을 방지한다. 여기서 잠깐 생각하여 보자.

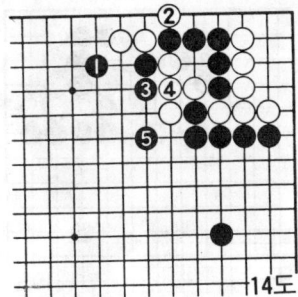

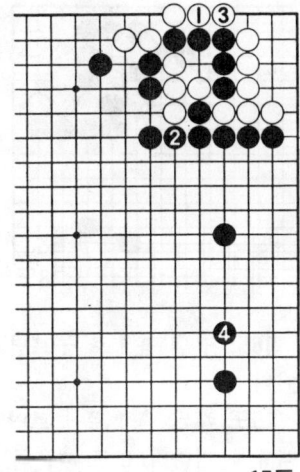

14도

14도 씌움 흑 1 의 씌움이 좋은 수. 백 2 의 젖힘에는 3,5의 장문이 준비된 수순. 5 점을 사석으로 이용하는 작전.

15도

15도 두터움 백 1, 3 으로 수를 줄여도 흑 4 로 두어서 만족이다. 우변에 모양을 갖춘다. 귀가 커보이지만 손해는 아니다.

16도 살아 옴 흑 1 의 씌움은 백2,4에서 8 까지 타개되어 흑의 5점이 소생한다. 흑이 악수로 둔 결과.

17도 백을 취함 흑 1 의 씌움에 대하여 백 2 로 나오면 흑 3, 백 4 에서 흑 5 까지 수가 성립한다.

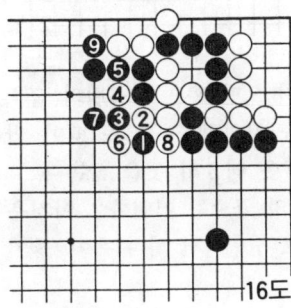

16도

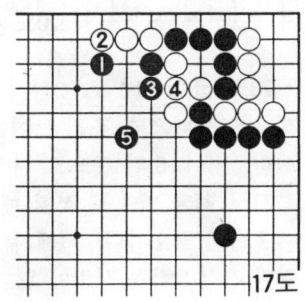

17도

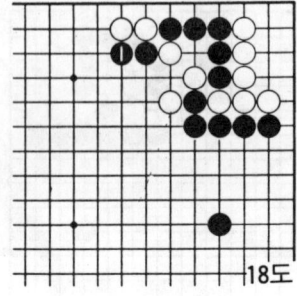 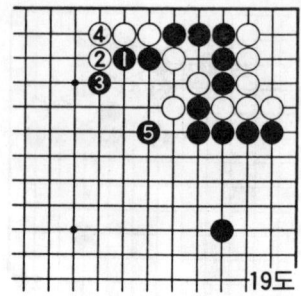

18도   19도

18도 **누름** 흑1로 누르면 어떤가? 14도 이하는 연구 과제
이다.

19도 **흑승** 흑1로 누르면 백2로 젖히게 되는데 흑3으로
백4를 기다려 5로 씌운다. 이하 흑이 이긴다.

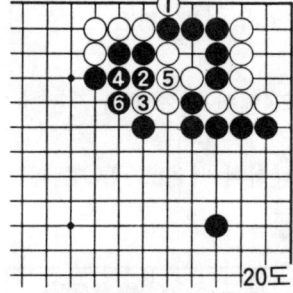 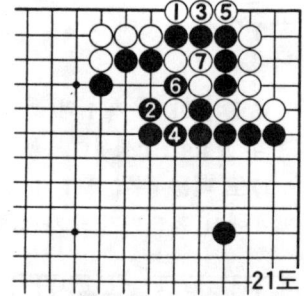

20도   21도

20도 **급소** 백1로 젖혀서 잡으러 오면 흑2가 공방의 급소.
백3으로 나오면 흑4로 이은 다음 이하의 수순으로 백이 안
된다. 백이 6의 곳으로 나오면 흑은 백5의 곳을 끊는다.

21도 **백승** 백1로 젖힐 때 흑2의 급소는 어떨까? 이것은
백7까지 백승이다. 외세가 두텁고 선수이긴 하나 흑이 좋지
않다고 생각하는 사람이 많다.

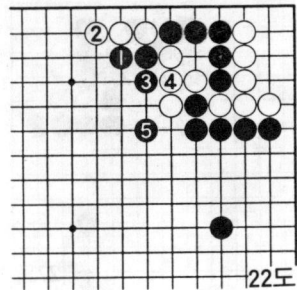

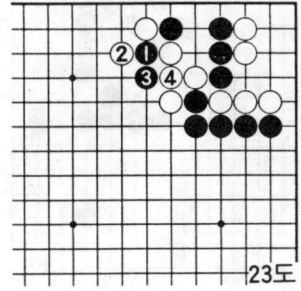

22도 **흑승** 흑 1 로 누를 때 백 2 로 뻗으면 흑 3 에서 5 까지로 가볍게 흑이 승리.

23도 **단수** 흑 1 의 끊음에 대하여 백의 반격수단은? 백 2 의 단수에서 4 의 이음까지 일사천리. 이것은 큰저항이다.

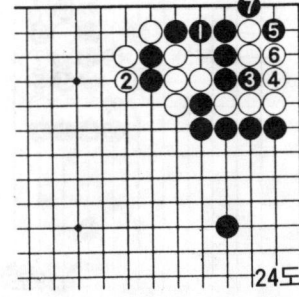

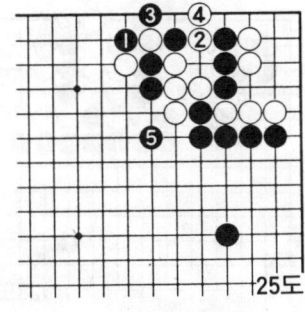

24도 **흑승** 어디다 두어야 할까? 흑 1 로 곱게 이으면 백 2 의 단수로 3점을 취한다. 흑 3 에서 7 까지의 수맥으로 귀의 백을 취한다.

25도 **잡다** 흑 1 로 끊어서 한 점을 끊어잡으면 백 2 에서 4 까지 흑 2점을 잡는다. 이하 흑 5 의 장문으로 외세가 두텁다.

14

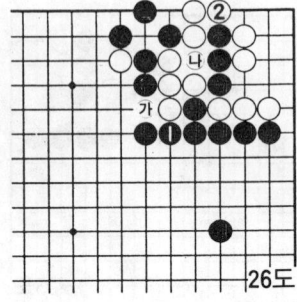

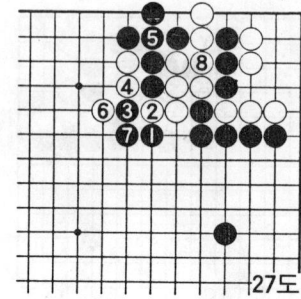

26도 **철벽** 백이 전도를 방치하여 두면 흑 1 의 이음은 당연하다. 흑⑦,백⑭의 잇점이 남는다. 철벽을 쌓아 전국적으로 두텁다. 24도의 결론으로 되돌아 가서 연구과제를 나타내었다.

27도 **나가 끊음** 흑 1 의 장문에 백2,4로 나가 끊음은 이하 6 으로 흑 7 을 강요하고 백 8 로 잇는다.

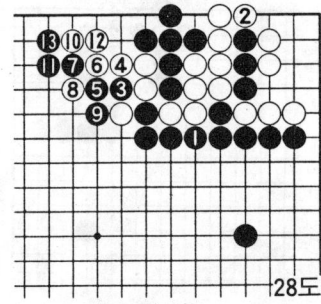

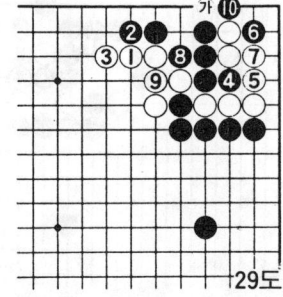

28도 **흑승** 이런 곳은 흑 1 부터 결행한다. 흑 3 으로 끊어 이하 흑13까지 백을 크게 잡는다.

29도 **흑승** 10도의 백 3 의 변화는 백 1 로 끌어 흑 2 , 백 3 다음 흑4,6의 필연의 수순 다음 흑8,10으로 된다. ⑦의 곳이 흑의 부담이다. 수순에 주의.

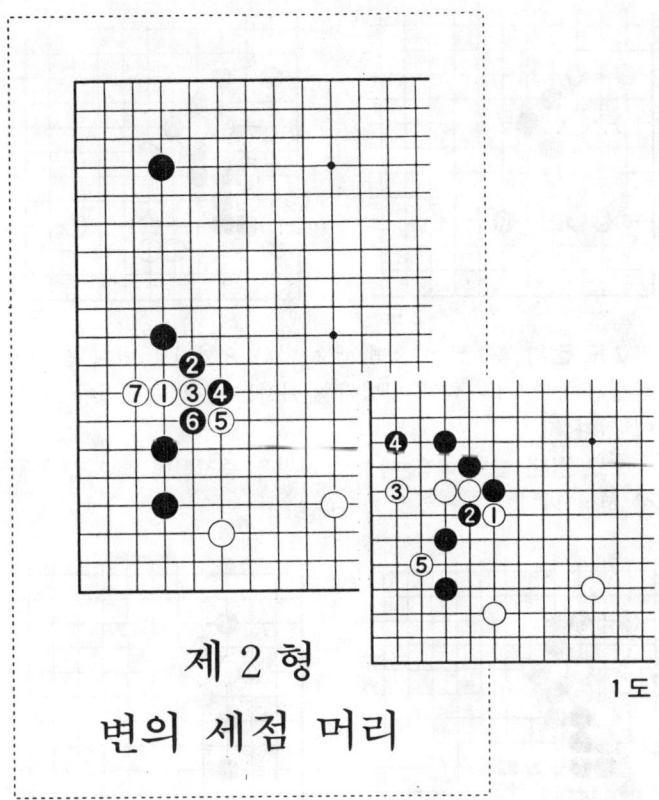

제 2 형
변의 세점 머리

1 도

제 2 형 6 점의 대국에서 자주 나타나는 모양이다. 백 1 로
갈라쳐 흑진을 교란하려 할 때 흑2, 백3, 흑4 다음 6 으로
끊으면 어떨까? 세점 머리가 끊어져 있는 모양이다.

1 도 보통 모양 백 1, 흑 2 의 끊음, 백 3 에 흑 4 는 백 5
가 있는데—.
(본서에서는 수의 타개 방법에 의한 약점 등의 찌름 등을 살
펴본다)

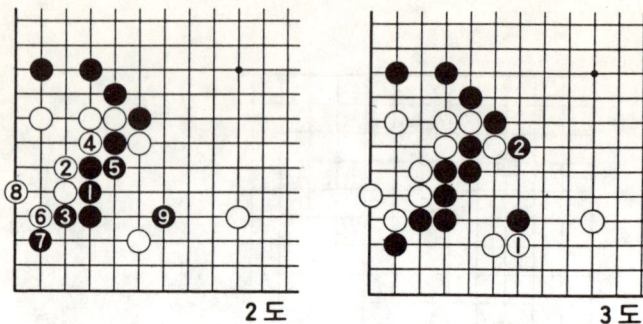

2 도   3 도

2 도 **정석** 혹 1 로 이으면 백 2 이하 8 까지로 변의 정석이
탄생된다. 실제로 타개 방법에 있어서는 혹 9 의 응접이 관건
이 된다.

3 도 **견본** 전도 다음 백 1 로 하변을 중시하면 혹 2 로 축몰
이 하여 외세의 두터움을 쌓는다.

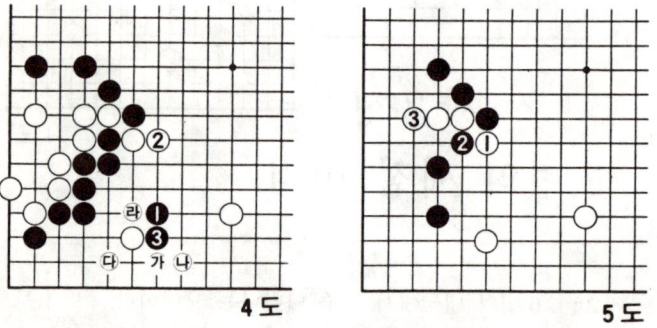

4 도   5 도

4 도 **갈라침** 혹 1 로 두었을 때 백 2 의 뻗음은 혹 3 으로 내
려선다. 이다음 백⑦,혹㉯,백㉰로 두는 수를 생각할 수 있
다. 혹 3 대신 ㉣로 두는 것은 좋지 않다.

5 도 **내려섬** 이상의 상식을 밟아서 백 1, 혹 2 다음 백 3 으로
내려서는 것은 지도 바둑에서 볼 수가 있다. 같은 모양을 자
주 볼 수 있는데 변화가 많다.

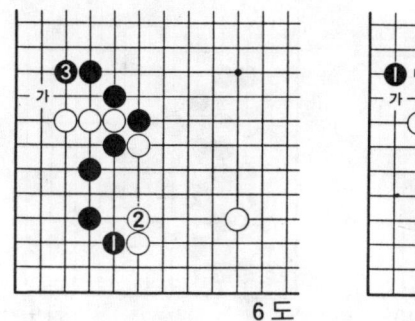

6 도

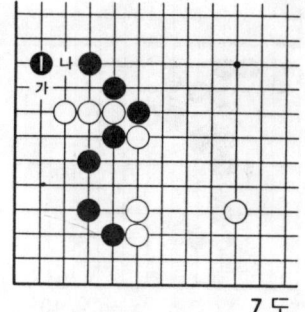

7 도

6 도 내려섬 백이 내려서면 혹 1 로 2 를 기다린 다음 혹 3
으로 내려선다. 백에서는 ㉮의 곳을 노린다.

7 도 나쁜 맛 혹 1 로 한칸 뛰면 ㉮와 ㉯의 곳에 나쁜 맛
이 있다.

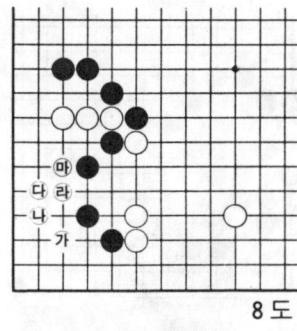

8 도

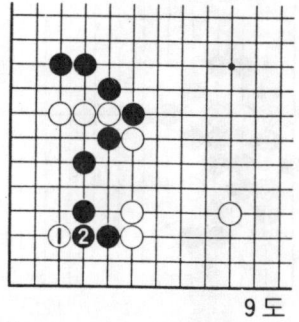

9 도

8 도 백의 타개방법 이 모양에서 백의 타개는 ㉮의 3·3 이
나 ㉯의 2 선이나, ㉰의 눈목자, ㉱의 들여다보기, ㉲의 붙임
등이 있다.

9 도 3.3 백 1 로 3·3의 곳에 침입. 혹 2 가 최강의 응수. 변
화가 많다.

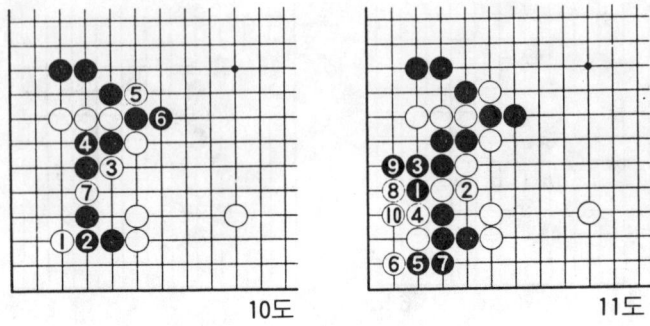

10도   11도

10도 끼움 백 1 로 흑 2 를 응수시킨 다음 백 3 으로 몬다.
다음 백 5 와 흑 6 을 교환하고 흑 7 로 끼움의 맥을 사용한다.

11도 흑이 망한다 이다음 흑 1 이하로 단수하여 봐도 백 4
로 끊은 다음 8, 10으로 젖혀 잇는다. 변에 있는 6 점의 흑을
잡는다.

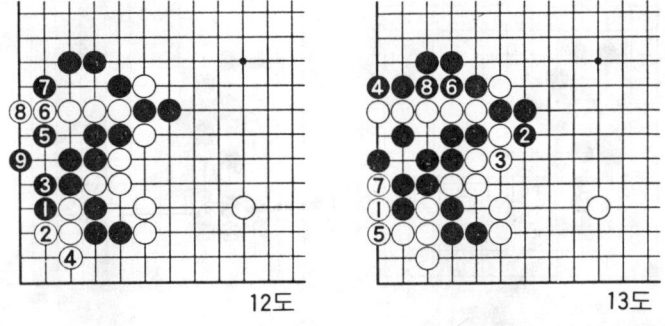

12도   13도

12도 흑승 여기에서는 귀를 사석으로 이용한다. 흑 1, 3 으로
젖혀 이으면 백 4 가 불가피하다. 흑 5 , 백 6 , 흑 7 , 백 8   다음
흑 9 로 집을 확보한다.

13도 한수 빠름 이다음에 백 1 로 젖히면 흑 2 로 한   점을
단수한 후 이하 유가 무가의 형태.

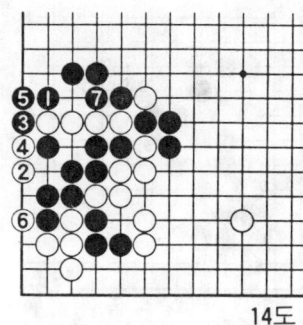
14도

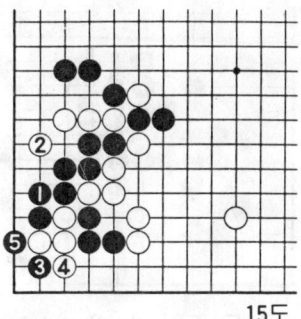
15도

14도 흑승 흑1로 둘 때 백2의 치중은 어떨까? 흑3으로 건너갈 때 백4로 5를 강요하고 백6이면 흑7로 조여서 그 만이다. 변의 백을 잡는 것은 실리가 있으나 바깥이 두터워 져 흑이 나쁘다.

15도 흑승 흑1로 이으면 어떨까? 백이 귀쪽에서 손을 빼 면 흑3, 5로 되어 전멸이다.

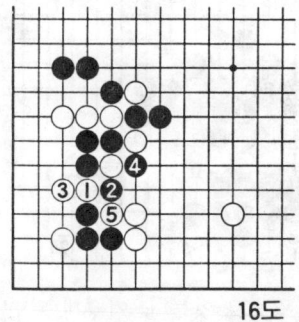
16도

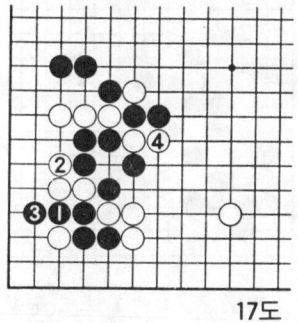
17도

16도 위를 끊음 백1의 젖혀 끼움에 흑2로 위쪽을 끊으면 백5로 끊어서 타개한다.

17도 흑의 착오 귀를 사석으로 이용하지 않고 흑1로 나오 는 것은 당연하나 백2로 늘 때 흑3으로 빠져나옴은 계산 착오다. 백4로 나오는 여유있는 수가 있기 때문이다.

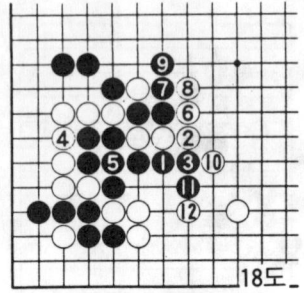

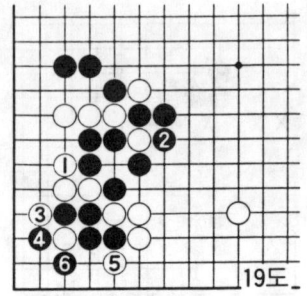

18도 조임 이다음 흑1,3으로 나오면 백4로 흑5를 강요하고 6,8로 계속하여 몬다음 10으로 젖혀 출구를 봉쇄한다. 흑11에는 백12의 멋진 장문이 기다리고 있다.

19도 귀의 변화 백1로 늘 때 흑2로 가운데를 따낸다. 백은 백3으로 젖혀 4를 강요하고 백5로 단수하여 한점을 따내게 한다.

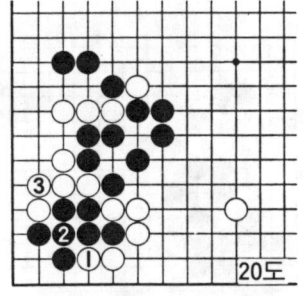

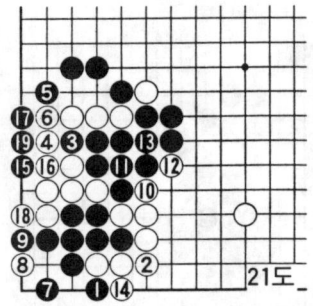

20도 조임 백1로 단수한 다음 3으로 잇는다. 이렇게 되면 귀는 자체로는 살수없는 모양이다.

21도 늘어진패 백1로 젖힌 다음 흑3,5로 백4,6을 강요한다. 이 다음에 7,9로 둔다. 백은 10, 12로 단수한 후 14로 외곽을 막으면 이하 19까지 늘어진 패. 19도의 흑2로 타개하는 것은 좋지 않다.

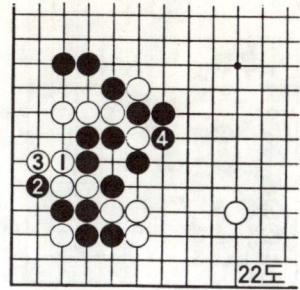

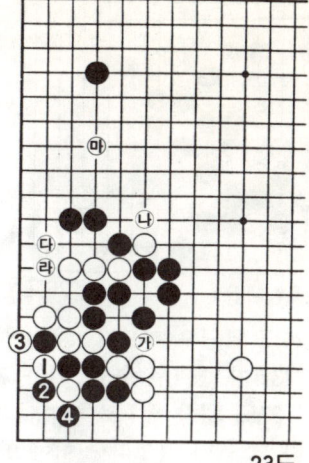

23도

22도 한번 젖힘 백1로 늘 때 흑2로 한번 젖히는 것이 호수다. 그런 다음 흑4로 때 린다.

23도 흑 만족 백1,3 다음에 흑4로 따내면 서로 사는 모양 이다. 이다음에 백이 ㉯하면 ㉰로 응수하여 그만이다.

24도 내려섬 전도 백1의 끊음 대신에 백1로 그냥 내려서 는 맥이 있다. 그다음에 3,5로 한점을 끊어잡는다.

25도 백1로 내려서 흑2로 젖히면 백3으로 끊는 수가 있 다. 흑4로 이으면 백5로 때려낸다. 흑6에서 12까지 하변 에서 산다. 백13의 뻗음으로 중앙전에 돌입을 하게 되는데 백㉮의 단수가 전투의 분기점이다.

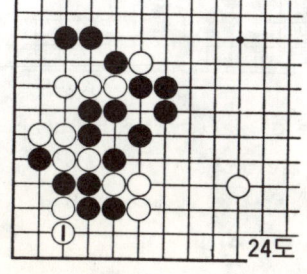

24도

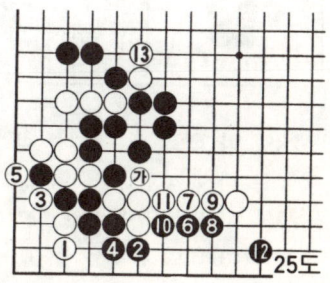

25도

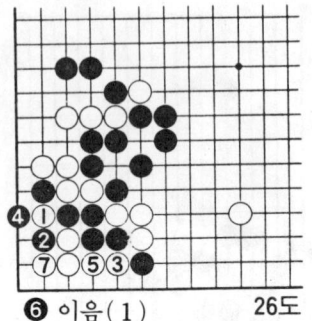

❻ 이음(1)   26도

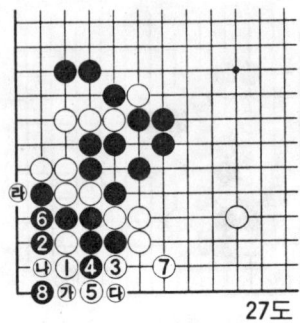

27도

26도 되단수 전도의 변화. 백 1 의 끊음에 흑 2 로 되단수하면 백3,5가 준비된 수순. 이하 7 까지 안된다.

27도 치중 백 1 로 내려설 때 흑 2 로 호구 젖힘의 수가 있다. 그러면 백 3 의 젖힘이 있는데 흑4,6으로 나가려 하면 백 7 로 그만인데 흑 8 의 맥점이 흑의 자랑이다. 이 다음 백㉮, 흑㉯,백㉲,흑㉳의 수순으로 백은 전멸.

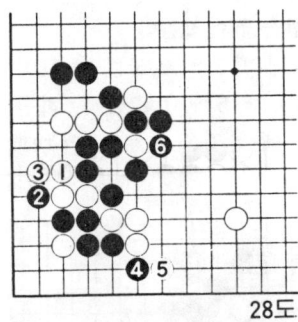

28도

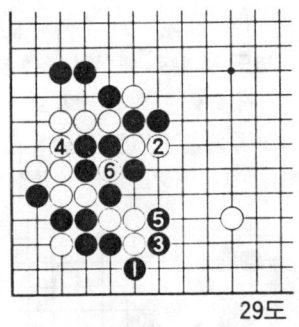

29도

28도 양 젖힘 백 1 로 늘 때 흑 2 로 젖혀서 백 3 을 기다려 흑 4 로 다시 젖힌 다음 흑 6 으로 때려낸다.

29도 바꿔치기 흑 1 로 양젖힘을 하여 올 때 백 2 로 늘면 흑 3, 백4,6으로 뒤에서 몰 때 흑 5 로 몰아 바꿔치기.

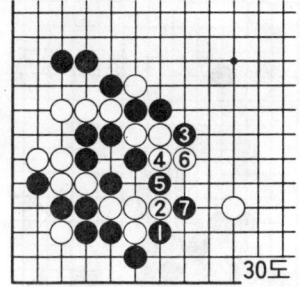
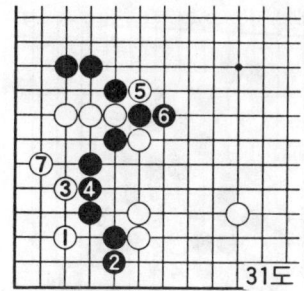

30도 **백 무리** 전도의 변화 흑1로 젖힐 때 백2로 느는 것은 흑3,5,7의 멋진 맥점이 있다. 28도 흑4의 젖힘은 27에서는 필요치가 않다.

31도 **내려섬** 다음에 백1의 3·3은 흑2로 내려서는 수가 있다. 다음에 백3으로 들여다 보고 백5, 흑6 다음 백7로 모양을 갖춘다.

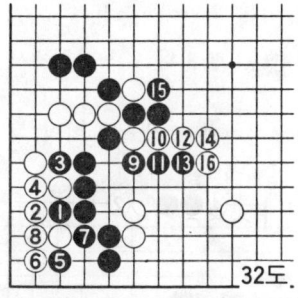
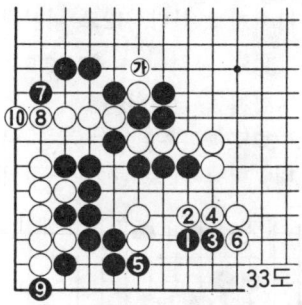

32도 **봉쇄** 흑1 이하 8까지 이익을 취한 것은 흑의 권리이다. 이 다음 흑9에서 13까지 나간 다음 15로 단수하는 것은 백16으로 흑이 봉쇄당한다. 그 다음에―.

33도 **각생**(各生) 흑1로 제3선에 두는 것이 맥점. 이하 백10까지 쌍방이 무난한 삶.

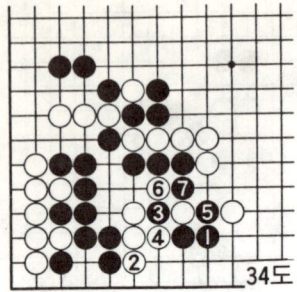

34도

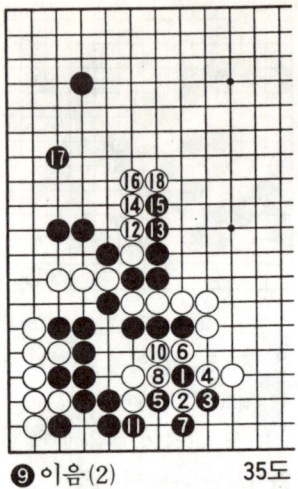

❾ 이음(2)   35도

34도 백 무리 흑 1 로 늘
때 백 2 로 내려서는 것은 무
리이다. 그것은 3,5,7의 맥
점이 있기 때문이다.

35도 혼란 33도 흑 1 을 흑 1 로 타개 하려는 것은 백 2 에서
11까지로 산다. 12로 나가게 되어 일대 혼란이 인다.

36도 공격 흑 1 에서 3,5로 타개한다. 백 8 의 부딪힘에서
14까지 공격한다.

37도 빅 흑 1 이하 치중 이하 백14까지의 공격으로 빅의 형
태. 백이 ㉮로 나가면 ㉯의 곳을 응수한다.

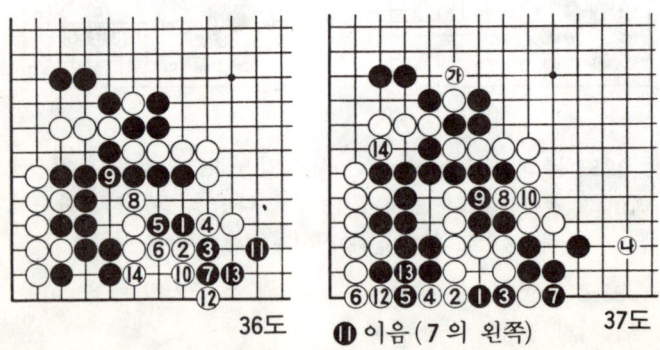

36도

37도

❶ 이음 (7 의 왼쪽)

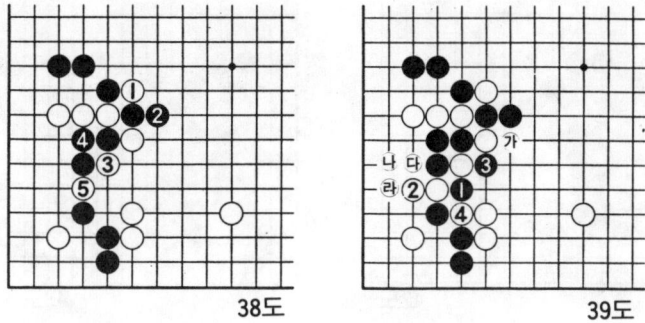

38도   39도

38도 끊고 끼움 3·3에 흑이 아래쪽을 내려서면 3,5다음 5의 끼움의 맥이 있다.

39도 검토 흑1,3으로 따버리는 것은 백 4 의 끊음이 있다. 이다음 흑이 ㉮로 따내면 백이 ㉯의 곳을 둔다. 17도와 22도를 참고하기 바람. 독자의 검토를 요한다.

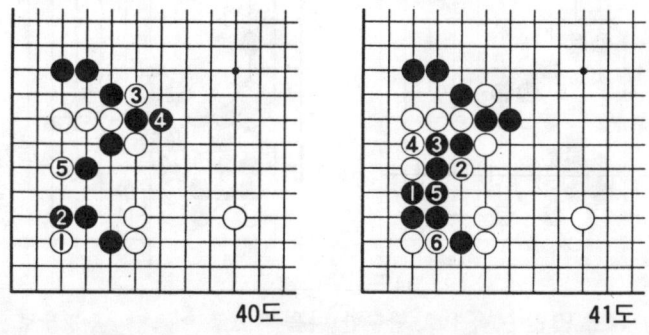

40도   41도

40도 붙임 백 1 의 3·3에 대해선 흑 2 로 내려선다. 백 3 으로 끊으면 흑 4 다음 백 5 로 붙인다. 흑의 응수를 묻는다.

41도 강수 흑 1 은 강수. 백 2 다음 흑3,5 다음 6 까지 된다음.

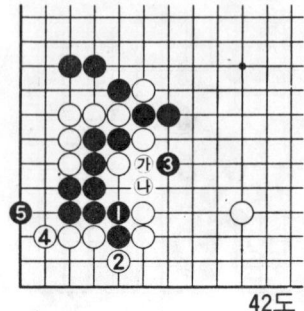

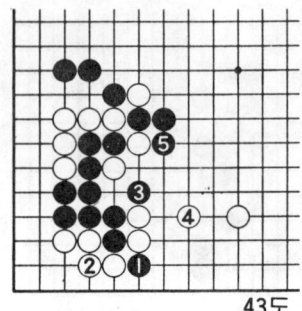

42도

43도

42도 맥 흑1로 잇고 백2의 막음은 3의 수가 기다리고 있다. 맥이 성립한다. 만약 백이 ㉮로 이으면 흑은 ㉯의 곳을 둔다. 이하 백4, 흑5로 백5점이 전멸한다.

43도 끊고 젖힘 4점이나 5점의 바둑에서 나타나는 모양으로 흑1의 끊음에서 흑3으로 젖혀 백4를 응수시킨 다음 흑5로 내려서면 전도의 승부결과와 같다.

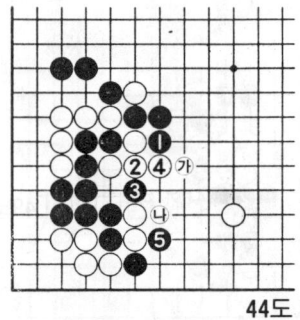

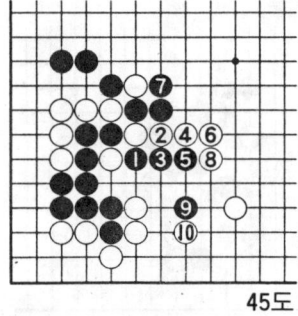

44도

45도

44도 연단수 흑1로 단수한 다음 백2로 이으면 흑3으로 백4를 강요하고 흑5로 몬다. 백㉮에는 흑㉯로 따서 대성공이다.

45도 미로 흑1로 직접 끊는 것은 3,5로 누른다. 백8,10으로 되어 온통 미로 속이다.

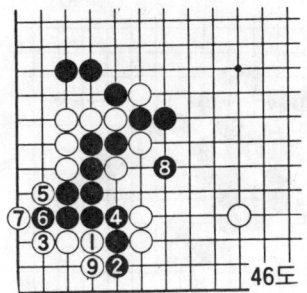

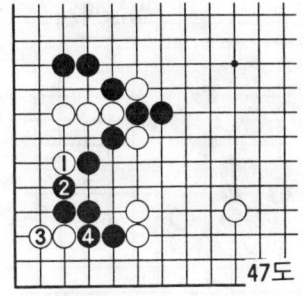

46도 백 삶 백1로 부딪혀 혹2를 강요한 다음 백3으로 는다. 혹4로 이으면 백5,7로 건너간다. 혹8로 백1점을 취한다.

47도 내려섬 백1, 혹2 다음 백이 보류하던 백3의 곳을 내려서면 혹4로 부딪힌다.

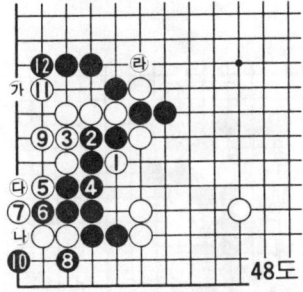

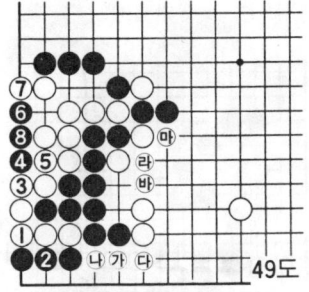

48도 엿 보는 맥 백1,3 다음 5,7로 건너가는 것은 혹8의 젖힘에 백9를 응수시키고, 이하 10의 맥점이 있다. 백은 이 다음 ㉮하면 혹㉯,백㉰로 산다. 혹㉱로 불만이 없다.

49도 혹승 혹이 귀에서 수를 내면 이에 대하여 백은 1로 이어서 혹2로 백3을 강요하고 혹4로 치중을 한다. 이어서 혹은 6,8로 되어 그만이다. 백㉮,혹㉯,백㉰로 젖혀 이음은 혹㉱,백㉲,혹㉳로 산다.

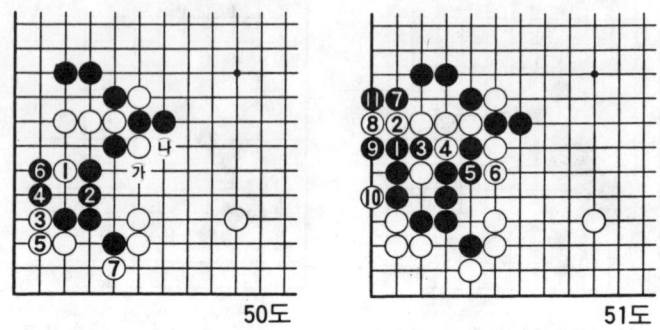

50도

51도

50도 결정짓지 않음 백 1 의 붙임에 대하여 흑 2 의 이음은 견실하다. 백 3,5 로 젖혀이은 다음 백 7 로 아래를 젖힌다. 이 것은 흑의 모양을 결정짓지 않았기에 이다음 흑 ㉮로 누르면 백 ㉯로 나간다.

51도 승부수 전도로부터 흑 1 에서 11까지로 타개를 한다.

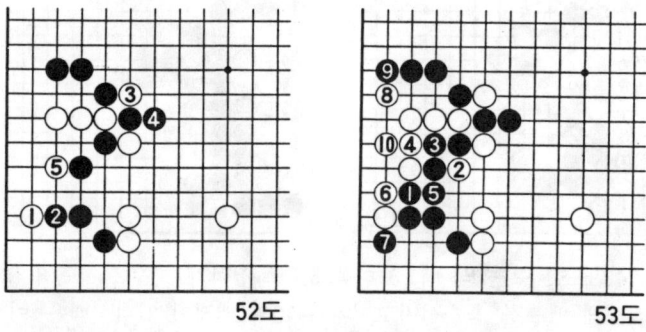

52도

53도

52도 뛰어 둠 다음에 백이 1 로 두는 수가 있는데 여기엔 많은 변화가 있다. 흑 2 의 부딪힘은 백 3 의 단수 다음에 백 5 로 붙인다. 맥의 예이다.

53도 백이 산다 흑 1 이면 백 2,4로 흑 5 를 응수시키고 6으로 막는다. 흑 7 을 기다려 8,10으로 사는 모양이다.

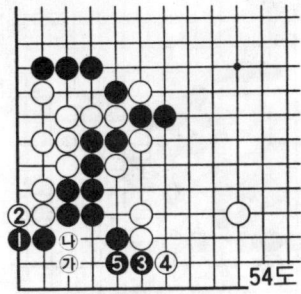

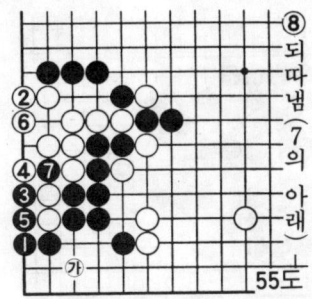

54도 근거 전도에서 흑1로 내려서면, 백은 2로 응수하는 모양인데 흑은 백㉮,흑㉯의 맥을 피한 것으로 흑3,5의 젖힘으로 타개한다. 쌍방 최선의 응접.

55도 엿봄 흑1의 내려섬에 백2로 반대쪽을 내리면 흑3,5 다음 7로 때려낸다. 백8로 되따낸다. 백은 ㉮의 약점을 노리게 되므로 주의가 필요하다.

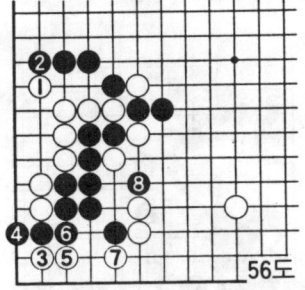

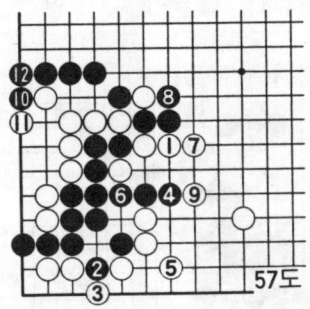

56도 건너 붙임 백1로 흑2를 응수시킨 다음 백3으로 붙여 5로 늘고 7로 붙인다. 흑의 다음 착점이 어려운 곳으로 흑8로 건너붙여 타개한다.

57도 공격 백1로 도망을 가면 흑2로 백3을 교환하고 흑4로 뻗는다. 백5, 흑6, 백7, 흑8을 거쳐 흑9로 봉쇄한다. 흑은 10,12로 젖혀 이어 공세를 취한다.

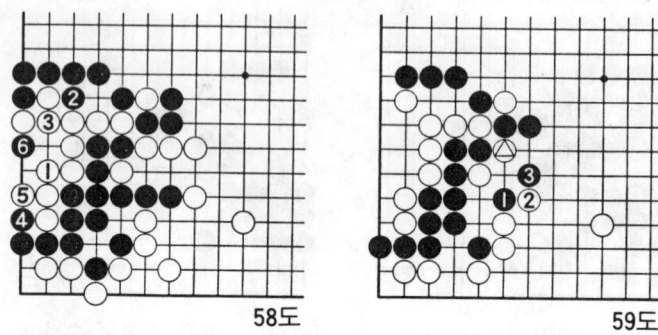

58도   59도

58도 흑승 백 1 로 이으면 흑 2 이하 6 까지로 어떻게 움직
여도 안된다. 56도의 백 3 이하 7 까지의 수는 좋지 않고 53
도 다음 54도가 최선이다.

59도 2 단 젖힘 흑 1 의 젖힘에 대하여 백 2 로 젖혀서 받으
면 흑 3 의 되젖힘의 수가 좋다. 여기에서 백 △ 표의 한점은
도망을 갈 수가 없다. 이 맥을 알고자 한다면 ㅡ.

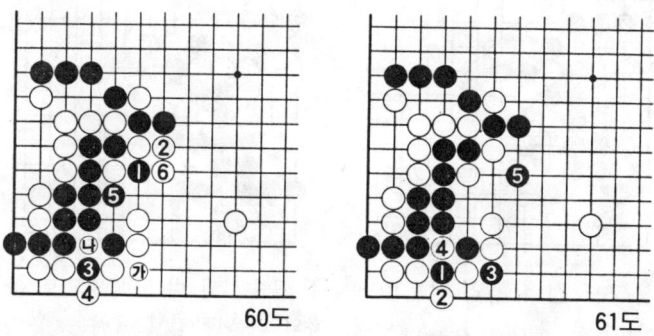

60도   61도

60도 면도(面倒) 흑 1 로 끊어서 3,5로 타개하려는 것은
백 6 으로 봉쇄당한다. 흑㉮, 백㉯로 패를 피할 수 없다.

61도 패로 쟁탈 흑1,3으로 끊어서 패로 싸운다. 백 4 로 때
려낼 때 흑 5 가 준비된 수순. 백은 철저하게 패로 버틴다.

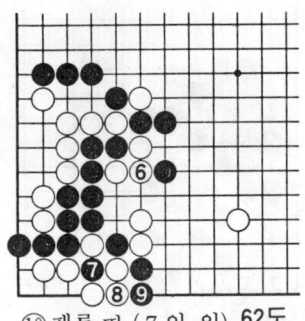

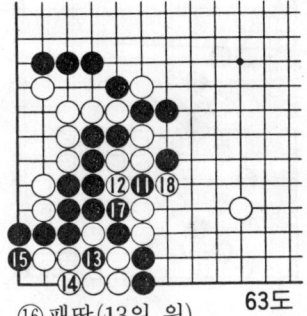

⑩ 패를 땀 (7 의 위) 62도 ⑯ 패땀(13의 위) 63도

62도 백의 완장 여기에서 백 6 으로 잇는 수는 어떨까? 그러면 반대로 흑 7 로 반대 패를 쓴다. 흑도 한걸음 물러서는 강경책이 필요하다. 백 8 로 물러서면 흑 9 로 바짝 추격한다. 백 10 으로 패를 때려내는데—.

63도 단수 흑 11 로 끼워 흑 13 으로 패를 때려낸다. 백 14 로 이으면 흑 15 로 단수. 백 16 으로 17 을 응수시키고 이하 백 18 까지 때려낸 모양.

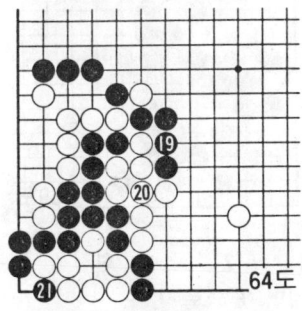

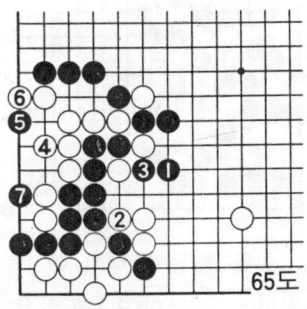

64도 65도

64도 양패 흑승 흑 19, 백 20 다음 흑 21 로 집어넣어 양패. 흑승이다.

65도 백사 흑 1 의 엿봄에 백 2 로 패를 따는 것은 흑 5 , 7 이 성립되어 백이 죽는다.

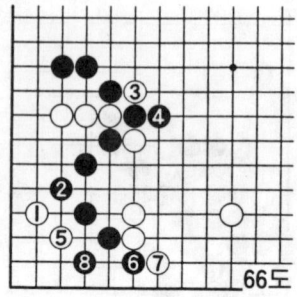

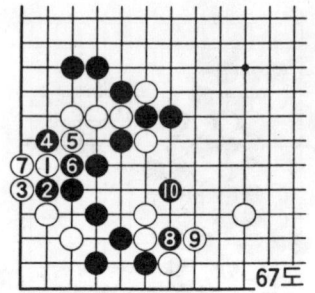

66도 잠행 백 1 로 낮게 들어오는 것은 흑 2 의 응수가 있다. 변화가 많지만 알기가 쉽다. 백 3 에서 5 로 흑 6,8을 응수시킨다. 흑 8 은 좌우 흑의 결점을 노리는 좋은 수.

67도 장문 백 1 로 뛰면 흑 2 이하 백 7 까지가 결정된다. 이다음 흑 10의 장문이 맥점이다.

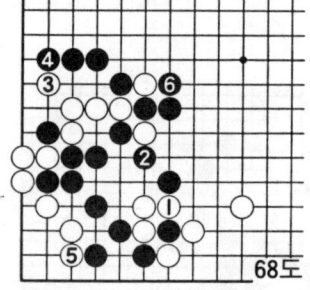

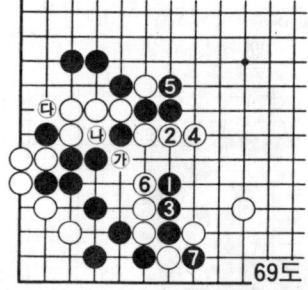

68도 흑 만족 백이 한점을 취하면 흑 2 로 몰아 한점을 취한다. 그런 다음 3,5로 좌변을 살리면 6 으로 민다.

69도 흑 성공 흑 1 에 대하여 백 2 로 중앙으로 움직이는 것은 흑 3 으로 이어 4 를 기다린 다음 7 로 끊는다. 이다음 백이 3점을 돕기 위해 ㉮ 하면 흑 ㉯ 하여 ㉰의 결점을 남긴다. 흑의 대성공.

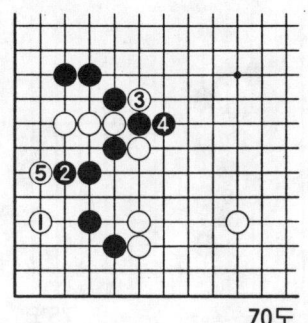

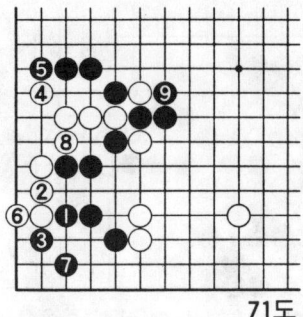

70도   71도

70도 철주 백1의 잠행에 흑2의 철주는 백3, 흑4   다음 백5로 붙인다. 흑의 다음 응수가 신중한 연구를 요한다.

71도 부딪힌 백의 붙임에 대하여 흑1로 부딪히는 것이 견실한 응수. 흑3에는 백4 이하 9까지 나쁘지가 않다.

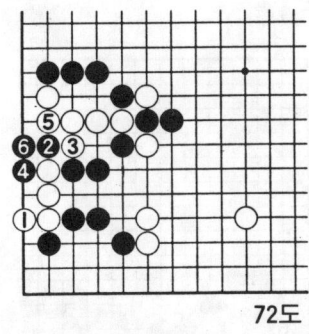

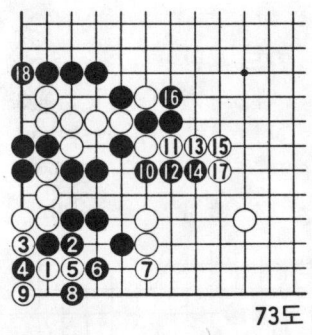

72도   73도

72도 잡으러 감 어느 때 자만하여 백1로 그냥 내리면 흑2,4에서 6까지 3점으로 키워 죽인다.

73도 공격 백은 어떻게 두어야 할까. 백1의 붙임 다음 7,9까지. 흑10이하 14로 나가면 백15, 17로 봉쇄한다. 대공격의 전조.

34

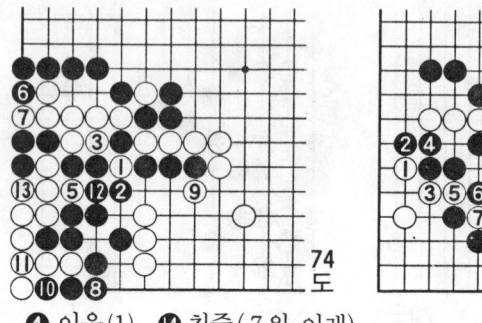

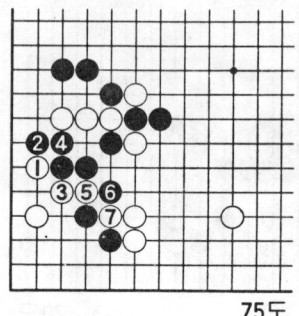

74도 흑승 이하의 수순을 설명하면 흑이 한수 빠르다. 정확히는 **71도**의 성립이 나쁘다.

75도 젖힘 백1의 붙임에 흑2의 젖힘은 위험하다. 백3에서 **5,7**로 나가 끊는다. 귀를 취한다.

76도 귀가 크다 흑1의 장문은 백2,4로 타개한다. 흑이 ㉮의 곳을 두어 삭감하는 수도 있다. 실리가 크게 손해.

77도 혼란 흑1의 이음에는 백2의 수가 있다. 흑3 이하 7까지 귀를 취하면 백8로 뻗어서 혼란이 온다. 흑㉮에는 백㉯로 응수한다.

❹ 이음(1) **⓮** 치중(7의 아래)

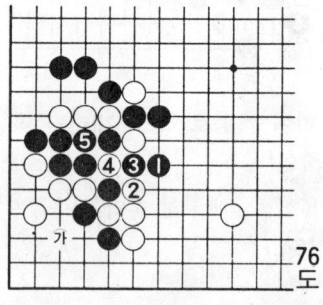

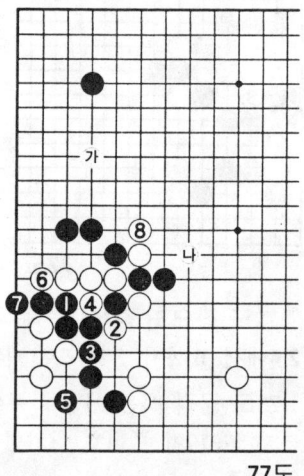

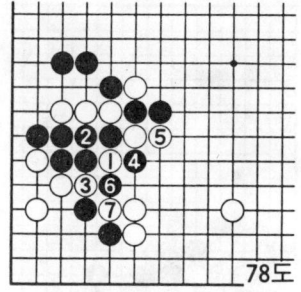

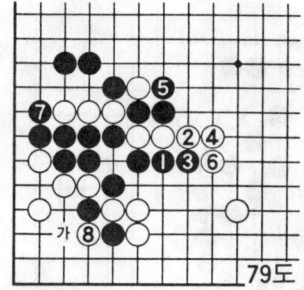

78도 완전 백1의 단수에 흑2의 곱게 이음을 생각할 수
있다. 흑4,6으로 때리면 백7로 끊어잡는다.

79도 백 실리 흑1,3으로 밀고 나온 다음 흑5, 백6, 흑7
로 구부리면 백8로 끊는데 이것은 귀의 실리가 크다. 백이
나쁘지 않는데 8을 생략하면 흑㉮로 호구를 친다.

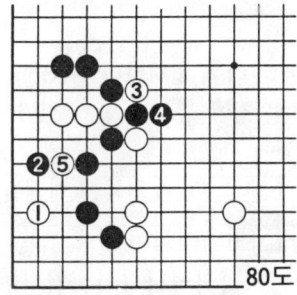

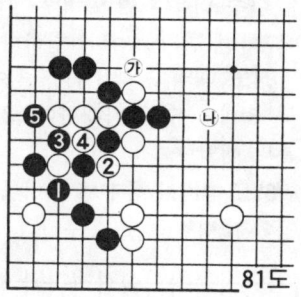

80도 뜀 백1의 달림은 흑2의 뜀으로 응수한다. 백3으로
4를 강요하고 5로 맥점을 끼운다.

81도 흑 만족 흑1로 막는 것은 당연하다. 백은 2로 위쪽
을 단수한다. 이다음 흑3으로 따내는 것이 필요. 백4로 때
리면 흑5까지 그만이다. 이다음 백㉮에는 흑㉯로 정정당
당히 전투할 수 있다.

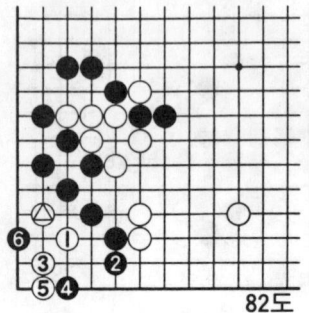

82도

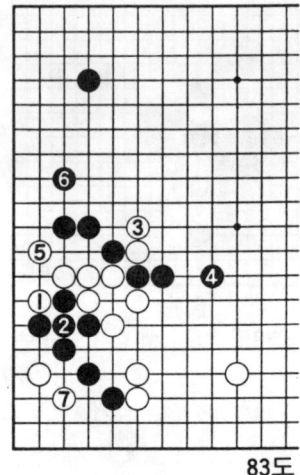

83도

82도 백사 전도의 백△표 한 점을 직접 움직이는 것은 백 1,3으로 움직여도 흑 4,6 으로 죽는다.

83도 분규 81도 흑 5는 큰 수이다. 이것을 막기 위해 백 1 단수 다음 흑 2로 받을 때 백 3 5에서 흑 6까지 이 다음 백 7이면 귀의 흑이 위험하다.

84도 대악수 백 1의 단수에 흑 2는 너무 정직하다. 백 3이 하 5까지 쉽게 타개한다. 81도의 한 점이 급소에 놓여 있다. 흑의 대악수.

85도 비마 백 1로 비마를 하는 수도 있다. 흑 2로 눌러 모양의 갈림길.

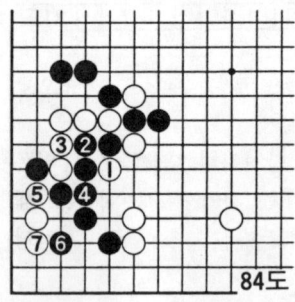

84도

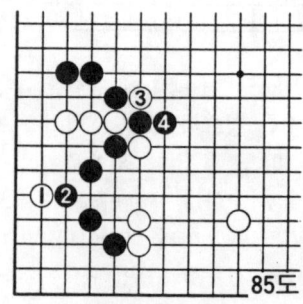

85도

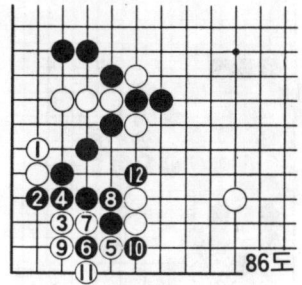

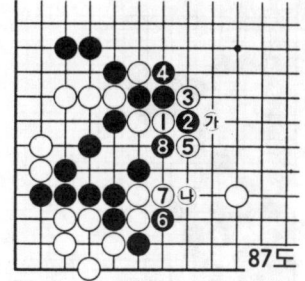

86도 흑 성공 백 1 로 늘면 흑 2 는 당연하다. 백 3,5 로 타개하면 흑 6 의 젖힘 다음 8 로 잇는다. 정황에 따른 응수가 필요하다. 백 9 로 한점을 잡을 때 흑 10의 끊은 다음 12의 젖힘이 날카롭다.

87도 견본 백 1 로 움직이는 것은 무리. 흑 2 로 젖혀 백 3,5 로 단수하면 흑 2 점이 축에 걸린다. 이다음 백 ㉮에는 흑 ㉯ 로 그만이다. 수순의 견본이다.

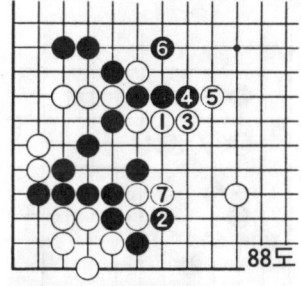

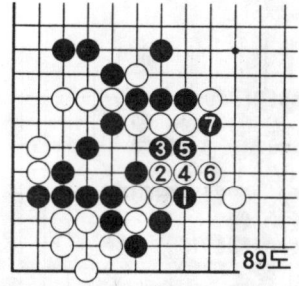

88도 누름 백 1 에 흑 2 는 어떨까. 백 3 으로 뻗으면 흑 4 로 누른 후 6 의 장문. 백 7 로 나오면 —.

89도 3 점을 취함 흑 1 의 단수 이후 5,7까지 3 점이 잡힌다. 하변에 집이 생기긴 하였으나 3 점이 잡혀선 문제가 안된다. 전도 흑 4 의 누름이 효과적이었다. 이런 맥을 자유롭게 구사할 줄 알아야 한다.

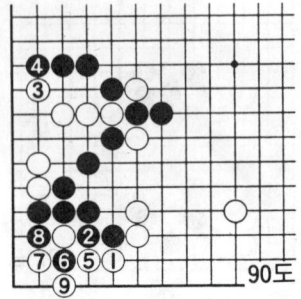

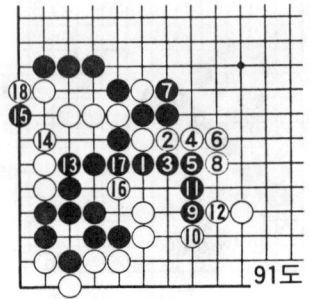

90도 변화 백 1 의 젖히는 수에 대하여 86도의 타개법이 간명하다. 약간 변화를 생각해야 한다. 흑 2 로 곱게 받으면 백3, 흑 4 를 교환한 다음 5 로 젖힌다. 흑 6 이 당연할 때 7,9로 응수.

91도 공격 흑 1 이하 5 로 나가면 백6,8로 봉쇄한다. 흑9, 11로 붙여 이으면 흑13 , 15 로 응수한다. 이하 18까지 필연.

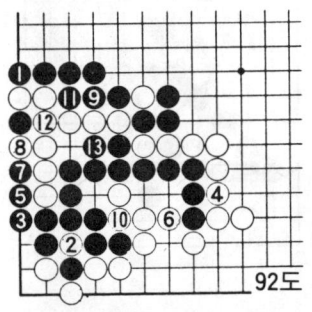

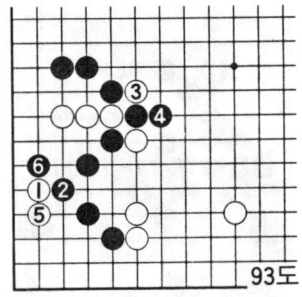

92도 흑승 흑 1 이하 13까지 흑이 2 수 빨리 이긴다. 본도의 수순을 음미하시기 바람.

93도 귀로 뻗음 백 1, 흑 2 에서 백 5 로 귀쪽을 뻗을 때 흑 6 은 당연하다. 이후의 운석은 십분 주의가 필요하다.

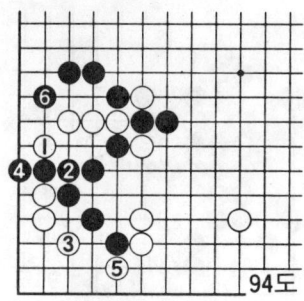

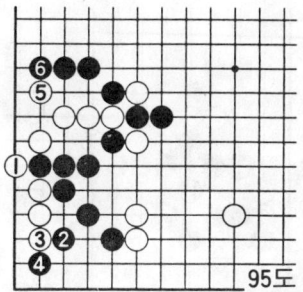

94도 **붙임** 백1에 흑2가 견실하다. 백3의 마늘모에 흑4의 내려섬. 백5의 젖힘에 흑6의 마늘모로 나쁘지 않다. 백4점을 잡을 수 있다.

95도 **흑승** 전도 백3으로, 1로 건너가는 것은 흑2의 마늘모 다음 흑4,6이 강력하여 흑이 유리하다. 백이 타개할 수 없다.

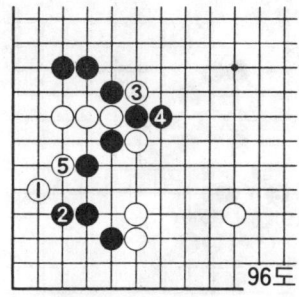

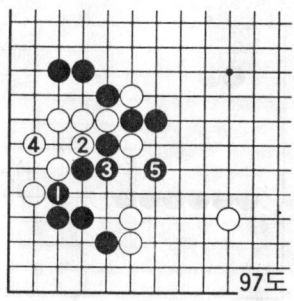

96도 **철주** 백1의 비마에 흑2의 철주를 생각할 수 있다. 백은 3,5로 응수한다.

97도 **무수** 이다음 흑1에는 백2로 흑3을 기다려 백4로 산다. 흑은 한점을 취해 나쁘지 않다. 2와 3의 교환이 효과적이다.

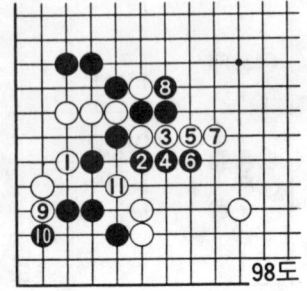

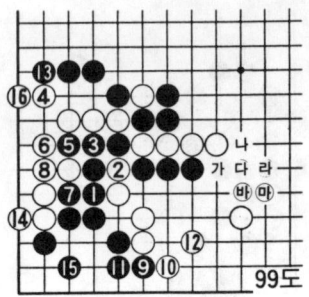

98도 의문 백 1 의 마늘모에 흑2,4,6으로 밀고 나오는 것은 백11의 수가 있어 결함이 엿보인다.

99도 복잡 흑 1 로 이으면 백 2 의 끊음에서 4,6으로 타개한다. 흑9,11로 젖혀 이으면 백도 14 ,16 으로 산다. 이다음 흑 3 점이 문제. 흑㉮로 움직이면 백㉯, 흑㉰, 백㉱, 흑㉲, 백㉳로 된다. 독자가 검토하기 바람.

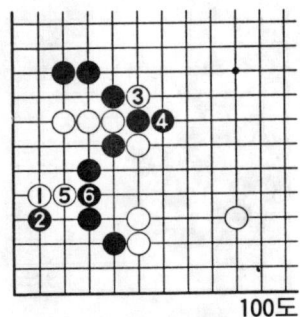

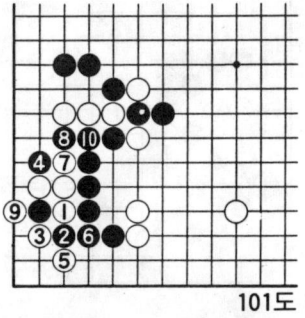

100도 붙임 백 1 에 대하여 흑 2 의 붙임을 생각하여 보자. 백 3 흑 4 의 교환다음 백 5 로 올라서면 흑 6 으로 잇는다.

101도 귀를 사석으로 백이 한점을 끊어 잡으면 흑 4 다음 귀쪽으로 나가게 한다. 백 5 ,흑 6 다음 7,9로 되는데 10의 이음이 있다. 이다음—

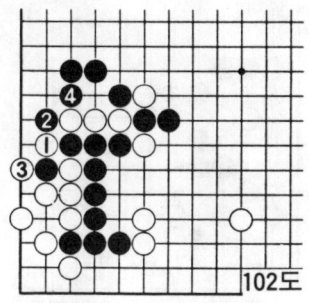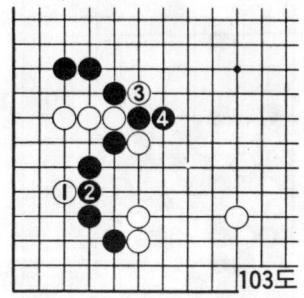

102도 바꿔치기 백1,3으로 끊어 잡으면 흑4로 3점을 잡는다. 흑이 나쁘지않다.

103도 들여다봄 백1로 들여다보는 것은 어떨까. 이것은 흑 2의 이음 다음 백3 흑4를 거쳐 타개하려는 것은 나쁘다. 백은 3의 끊음이 있는데—.

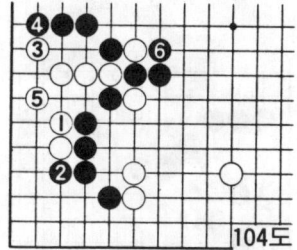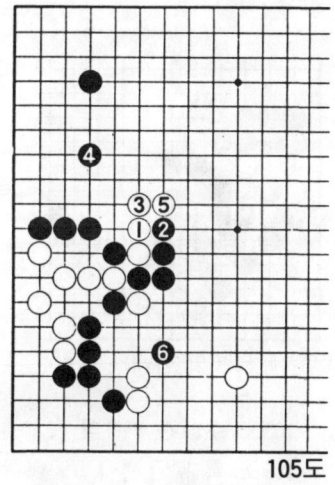

104도 간명 1로 끌면 흑 2로 내려선다. 백3,5로 살면 흑6으로 한점을 몰아 알기쉬운 결과. 백은 전술한 타개방법에 한정하여서는 안된다.

105도 흑 만족 전도 이후 백1,3으로 움직이면 흑4로 지킨 다음 백5를 기다려 흑6으로 어깨를 짚는다. 이다음—.

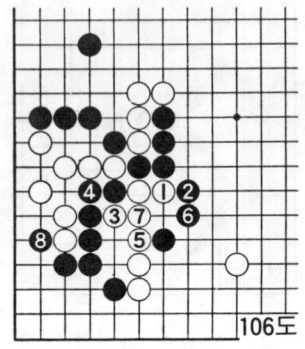

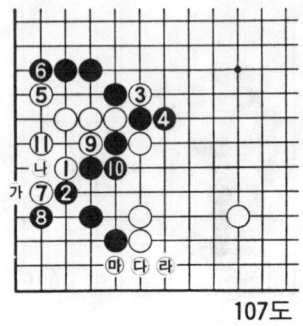

106도

107도

106도 백사 백1 이하 5로 움직여도 흑4와 6이 좋은 자리여서 흑8의 젖힘으로 좌변의 백이 죽는다. 주의가 필요.

107도 흑 만족 단순히 백1에는 흑2, 백5,7에서 11까지로 삶을 생각해 볼 수있다. 이후 흑⑦,백⑭ 다음 흑⑭,백⑭,흑⑪로 알기쉽다.

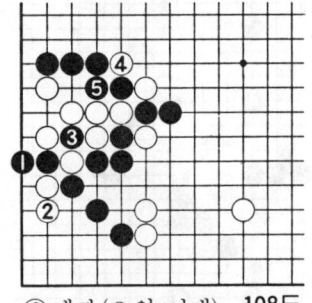

⑥패땜(3의 아래) 108도

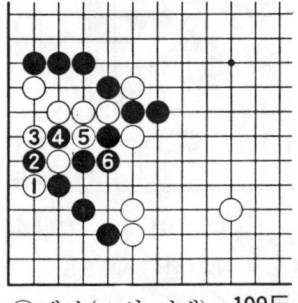

⑦패땜(4의 아래) 109도

108도 수상전 백1의 젖힘엔 흑2의 끊음이 있다. 백3,5로 패.

109도 흑 부담 흑1로 내려서면 백2로 는다. 흑3으로 때릴 때 백4의 팻감. 백6으로 패를 따 부분적으로는 실패한 것 같으나 부담이 있다.

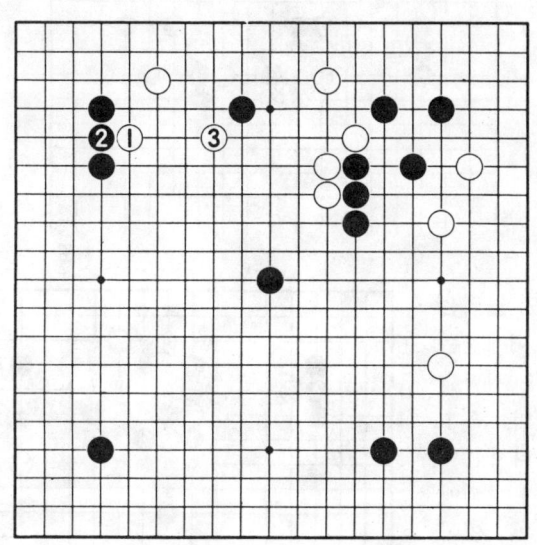

제3형 (1~ 3)
어깨짚는 공격

제 3 형 어깨짚기 놓고 두는 바둑에서 나타나는 모양으로
배석을 보면 백 1 로 들여다 보고 백 3 으로 어깨를 짚어 흑한
점을 압박한다. 여기에서 타개하는 방법은 흑은 한점을 기분
에 치우쳐서 움직이면 안된다. 실전에서 흑은 미로속을 헤매
게 된다.   정확한 응전의 받음이 검토되어야 한다.

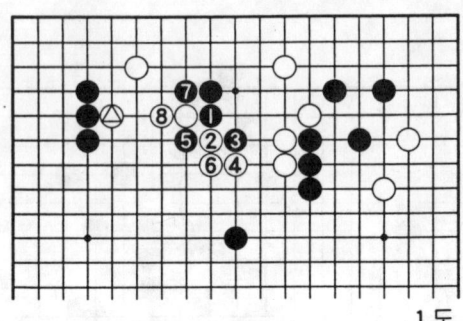

1 도

1 도 올라섬
백이 어깨짚는
의도를 간파해
야 한다. 흑 1
로 올라서면 백
8 까지 되어
백△ 가 있어
백 성공의 국
면.

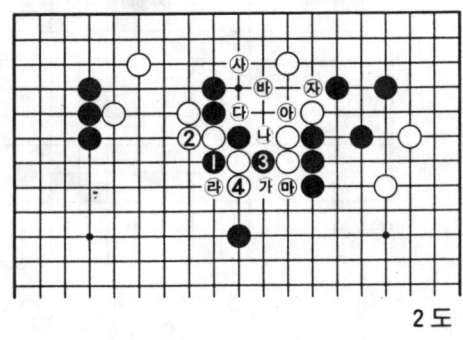

2 도

2 도 혼전 백의 2 단젖힘이 통렬하여 흑1,3으로 끊어도
백 4 로 뻗으면 이후 흑㉮로 나가면 백㉯,흑㉰,백㉱ ,흑㉲,
백㉳,흑㉴,백㉵로 공격한다. 이 문제를 보면 어깨짚기가 상
당함을 알 수 있다.

1보 노림
실전의 진행은
백 3의 어깨짚
음에 흑 4의
들여다 봄으로
나갔다. 제1의
문제점이다. 백
이 5로 눌러
서 호조.

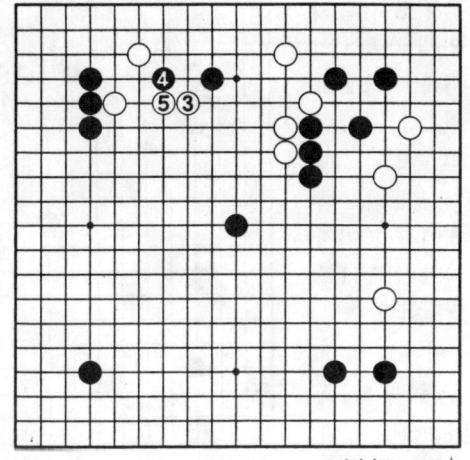

1보(3-5)

3도 건너 뜀 흑 4에 1로 뛰면 백 2의 이음이 정착이
다. 이 다음 흑 3으로 나가면 수단은 알기 쉽다. 그런데 이
다음이 간단하지 않다. 백 4의 누름에 흑 5의 건너 뜀. 백 6
의 들여다봄에서 8의 젖힘까지 강경하게 나가면 흑 9로 아
래를 쌍립하여 견고하게 한다. 이다음 백㉮,흑㉯,백㉰,흑㉱
로 귀를 지키고 백㉳,흑㉴로 백을 크게 공격한다. 흑은 상당
히 타개하였다.

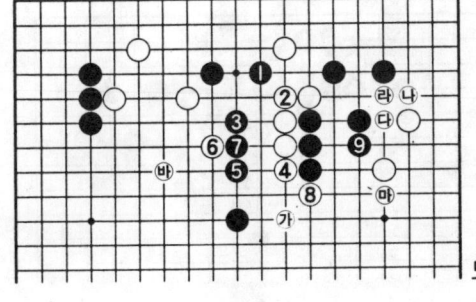

3
도

4 도 흑의 타개 흑 1 의 뜀에 백 2 로 외곽을 봉쇄하면 흑3,5로 나가 끊는다. 백 6 이하 10까지 되면 흑11로 쌍립한다.

이다음 백 ㉮, 흑 ㉯, 백 ㉰, 흑 ㉱, 백 ㉲, 흑 ㉳, 백 ㉴, 흑 ㉵ 로

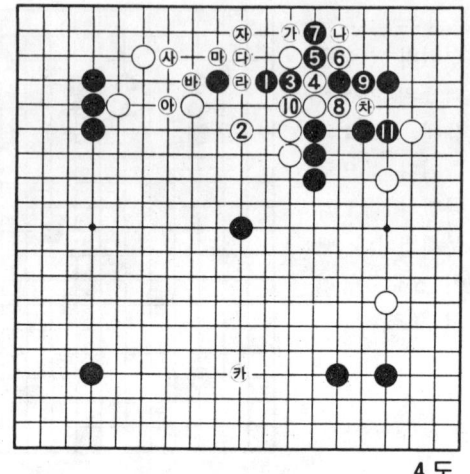

4 도

돌의 흐름. 백이 ㉰나 ㉾의 2 선이면 흑㉯로 두는 것이 요령이다. ㉮의 곳 대신 ㉾의 곳이면 ㉮의 곳을 둔다. 그림(譜)의 흑 4 의 뜀 다음에 ──.

5 도 흑의 이상 백 1 로 뚫고 나감을 생각할 수 있다. 그러면 2 로 나가 백 3, 흑4,6으로 젖혀 이은 다음 8 까지되는데 이것은 흑의 이상적인 그림이다. 흑 4 에 대하여 5 로 받으면 한점을 사석으로 활용할 수 있다. 너무 쉽게 선택하는 것은 실패하기 쉽다.

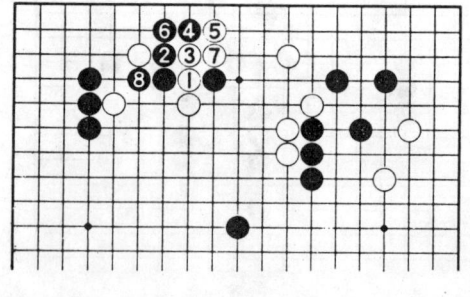

5 도

2보 타개의
나감 백이 상
변을 내려서면
흑은 6,8로 나
가 끊는다. 수
단의 시비가 있
는 갈림길. 여
기에서 백도
9로 끊어 10
으로 내려서면
11로 뻗은 다
음 13으로 내
려선다.

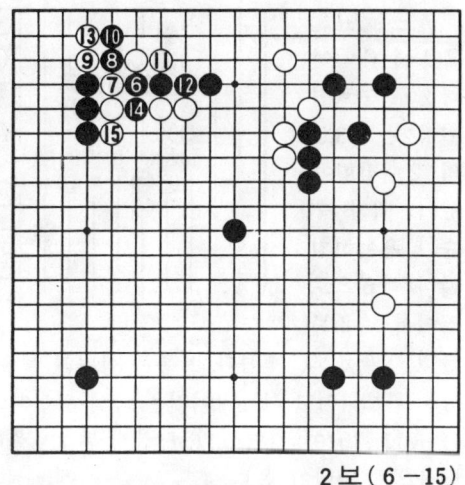

2보 (6 —15)

혹의 모양이 굳건하여 위기를 쉽게 극복해 나갈 수가 있다.
백이 흑 2점을 취하면 흑14로 나가는 수를 생각할 필요가 있
다 그것은 15의 수가 좋아 보이기 때문이다.

6도 밀어 올림 14로는 1의 곳을 올라서는 것이 좋다. 보
의 약점을 피하여 타개하는 방법이 필요. 백 2로 이으면 흑
3의 뜀이 있다. 백㉮, 흑㉯, 백㉰로 나가면 흑㉱로 봉쇄를
한다. 이것이 타개의 방법이다.

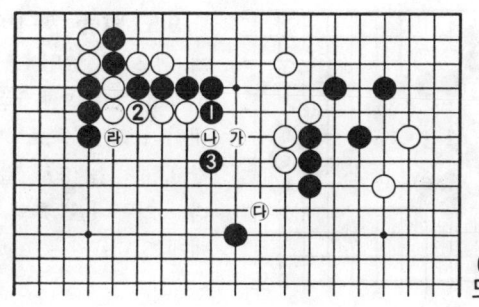

6
도

7 도 탈출
혹 1에 대하여
백 2 로 누르면
어떨까. 혹3,5
의 2 단젖힘이
있어 백의 수
습이 용이하지
않다. 백 6 으로
끊어서   8 로

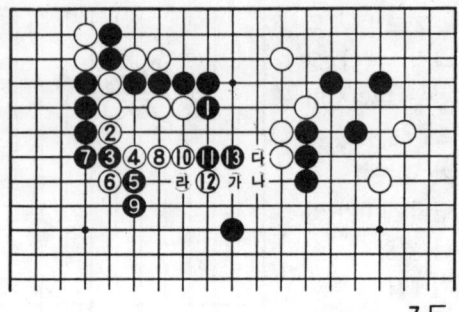

7 도

늘면   혹 9 로 뻗는다. 보통은 상변의 돌을 방치하고 좌변에
집을 확보하려고 하는데 이것은 극히 위험하다. 이다음 백10에
는 혹11 , 13 이 강력하다. 다음에 백㉮, 혹㉯, 백㉰, 혹㉱의
끊음으로 파탄이 온다.

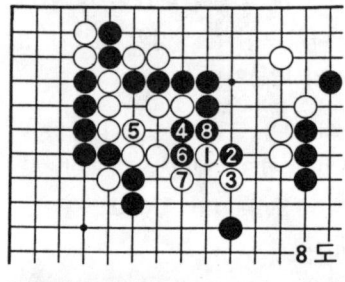

8 도

8 도 건너 뜀 전도의 10
의 수로 1 의 곳을 건너뛰
면 혹 2 로 붙인다. 백 3 의
젖힘으로 백이 모양을 갖추
려 하면 백 5, 혹6, 8의
맞보기로 그만이다.

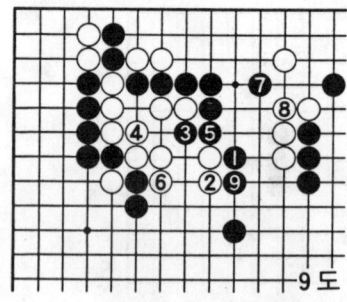

9 도

9 도 탈출 혹 1 의 붙임
에 백 2 로 늘면 혹 3 에서
5 까지 둔다. 백 6 으로 타
개하려 하면 7 로 백 8 을
강요한 다음 9 로 밀어올린
다. 양곤마로 혹의 공격권
내에 있다.

10도 붙이는 맥 흑1에 대하여 백2의 건너뜀은 흑3으로 붙이는 맥이 있다. 흑4에는 5로 곱게 이어두는 것이 좋은 수. 여기서는 귀의

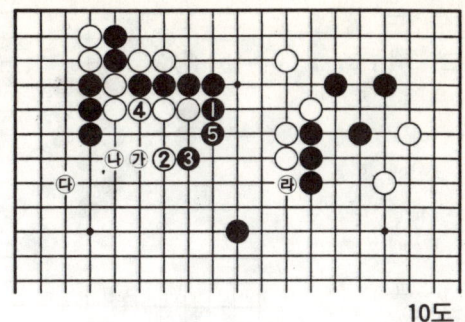

10도

흑 3점의 타개가 의미가 있다.

흑은 백이 상변을 나가면 흑은 ㉮에 붙이는 맥이 있어 통렬하다. 백이 ㉯하면 흑㉰로 받음을 기대한다. 그다음 상변을 봉쇄한다.

11도 도망 전도에 계속하여 백은 1의 곳에 흑모양의 급소를 두면 흑은 다시 2의 곳에 붙인다. 다음 4로 백을 봉쇄한다. 백5로 나가면 흑6으로 결함을 없앤다.

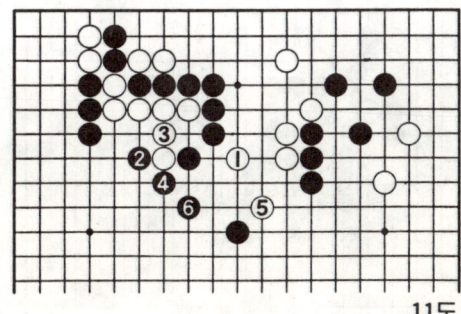

11도

**12도 흑 호
조** 백 1 로 밀
면 흑 2 로 나
간다. 백 3 의
젖힘엔 흑 4 로
대세를 리드한
다. 백 3 의 젖
힘으로 ㉮ 하면
흑은 ㉯ 의 곳
을 두어 세력
을 키운다.

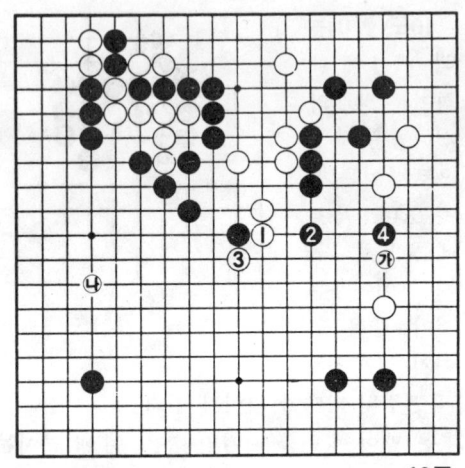

12도

13도 대수상전 11도의 백 1 로 본도의 백 1,3으로 타개하
려는 것은 속맥이다. 흑 2,4의 응수가 있어 발이 늦은 형태. 백
5 로 차단하려해도 흑은 6.8로 끊는 수가 있다. 이하 흑 10 까
지 인데, 다음에 ㉮ 의 곳에 두어 7 의 한점을 포획하는 수를
노리면. ㉯ 의 끊음이 맞보기. 백이 ㉮ 하면 흑은 ㉯ 로 끊고
백㉢,흑㉣,백㉤ 로 저항을 한다. 흑㉥,백㉦,흑㉧,백㉨, 흑
㉩,백㉪,흑㉫,백㉬,흑㉭ 로 대수상전이 벌어진다.

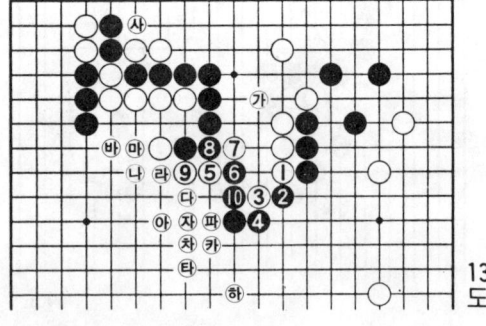

13
도

3 보 끊음은
속맥 흑16에
는 백17, 16으
로 17을 두면
백16으로 나가
균열이 생긴다.
여기에서 18로
끊음은 속수이
다.

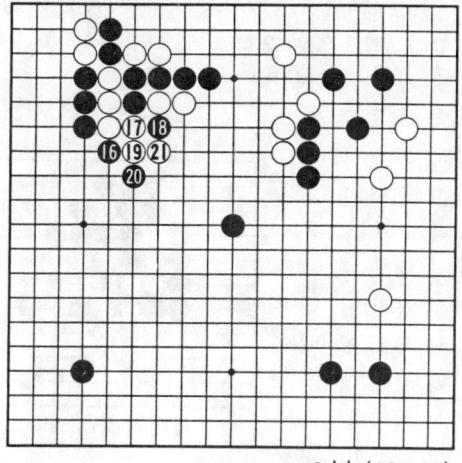

3 보 (16-21)

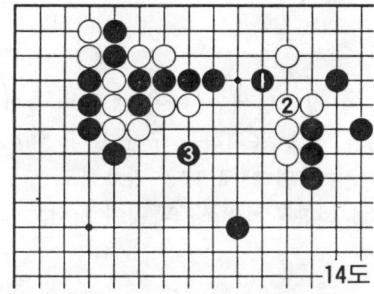

14도

14도 급소 여기에서
흑1의 들여다 봄에 백2
를 강요하고 난후 흑3이
급소의 압박의 맥이다.

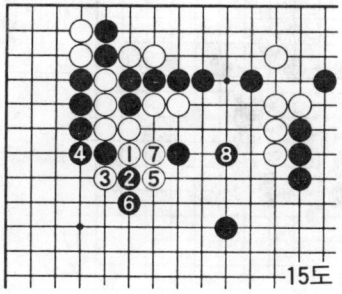

15도

15도 건너 뜀 백1로 나
가면 흑2로 2단 젖힘을
한다. 백도 3, 5로 나가게 되
는데 여기에서 흑8로 두어
상변의 돌을 노린다.

16도 백사 백 1 로 밀어올리면 흑 2 로 상변의 백을 고립시킨다. 백 3 으로 2점을 누르면 흑4,6을 결행한 다음에 흑 8 로 강하게 내려선다.

백 ㉮, 흑 ㉯, 백 ㉰, 흑 ㉱, 백 ㉲, 흑 ㉳, 백 ㉴ 로 타개하여, 흑 ㉵, 백 ㉶, 흑 ㉷ 로 응한다. 백 ㉮, 흑 ㉯ 일 때 백 ㉺에 흑 ㉻ 는 어떨까? 흑 의 대승의 국면이다.

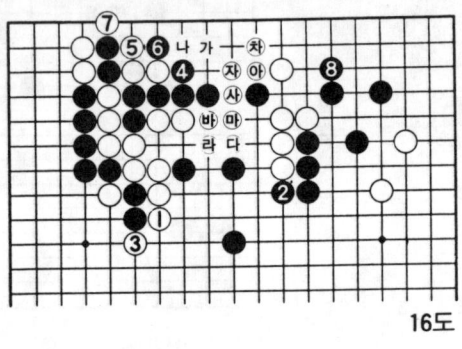

16도

17도 흑의 대성공 흑 1 의 건너뜀에 대하여 백 2 로 올라서서 타개하는 것은 3, 5로 백을 봉쇄하는 수가 있다. 백 8, 흑 9 를 거쳐 백10으로 단수하면 11로 12를 강요하고 흑 13으로 젖혀 잇는다. 그 전과 다음에 좌변 ㉮의 곳이 노림으로 남는다.

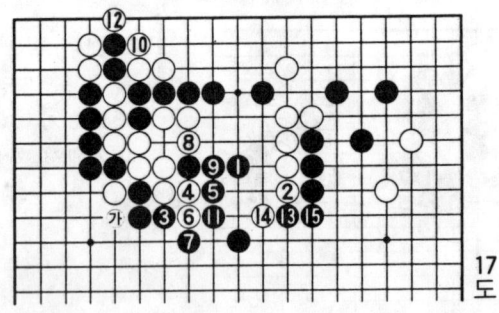

17
도

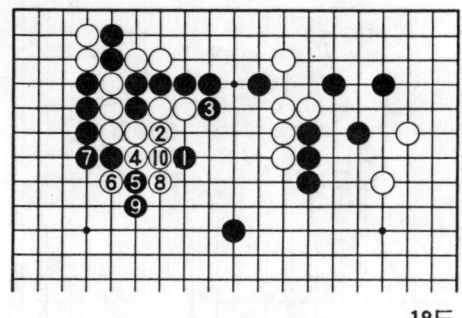

18도

18도 **치중** 흑 1 이 급소로 백은 움직임에 있어 생각이 필요
히디. 흑 3 으로 올라설 때 백 4 로 밀면 흑 5 의 젖힘이 있다.
백이 6,8로 타개하려 해도 잘되지 않는다.

19도 **흑 성공** 흑1,3에 백 4 로 나가면 흑5,7로 결행한다.
천원의 한점을 활용하는 수단이다. 백은 8. 10으로 한점을 때
리면 흑은 11의 곳을 막는다.

백이 ㉮로 두
지않고 ㉯로
나가면 흑은
㉰로 둔다. 좌
변 ㉭의 곳의
수단이 남는데
흑의 우세는 의
심의 여지가
없다.

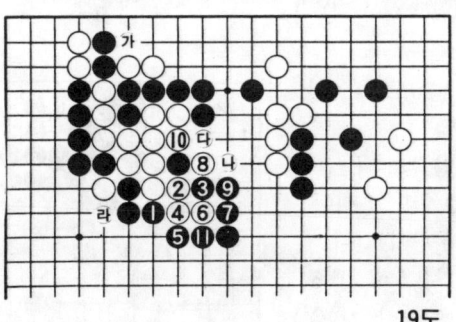

19도

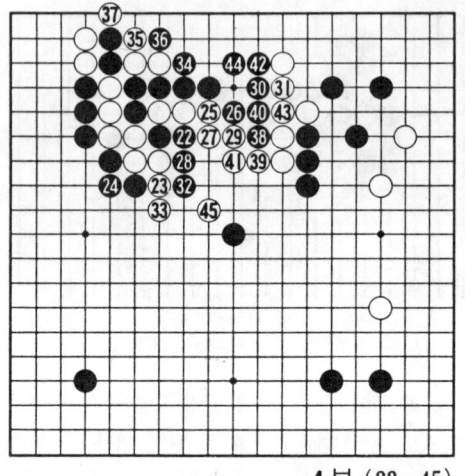

4 보 (22-45)

4보 흑 실패 3보 흑18의 끊음은 단순한 것인데(?) 여기에선 솔직하게 수단이 없어 보인다. 흑22 이하로 나가도 백이 29로 봉쇄하면 흑의 대실패다. 흑32, 백33은 처절한 교환인데 흑38이하 44까지 삶을 구할 때 백45로 중앙의 4점은 움직일 수 없다. 흑의 형세는 대손해이다.

20도 흑 부담 1로 끊으면 어떨까. 백 2,4로 응하여 부담이 간다.

흑 5에 백 6, 백 8 다음 흑 ㉮, 백 ㉯로 흑이 한수 늦다.

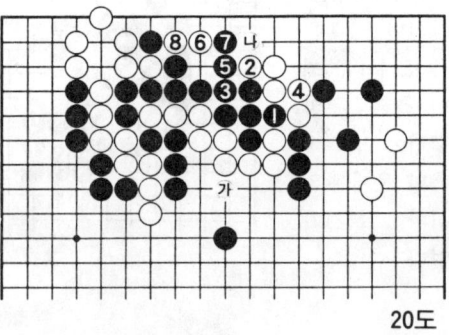

20도

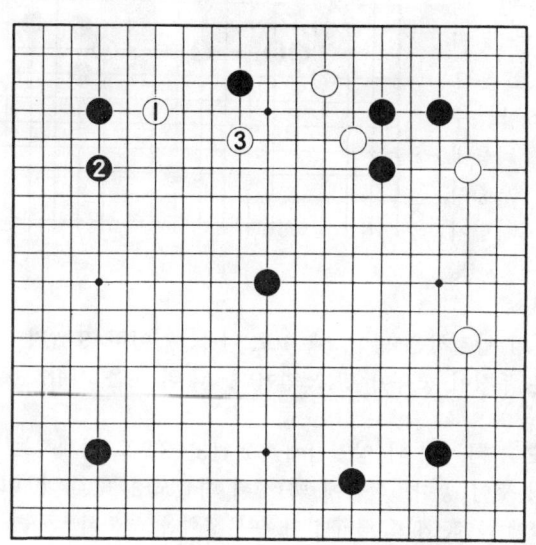

제4형 (1~3)
모자씌움의 대책

제4형 모자 씌움 바둑에서 흑이 변에 돌에 놓여있을 때에 씌움을 당하는 것이 어떤가를 살펴보자. 백 1 로 높게 걸쳐올 때 흑 2 의 한칸 뜀, 백 3 의 씌움이 예이다. 하수일수록 흑 한점의 처리에 고심을 하게 되는데 여기서는 여러가지 도형 (図形)으로 검토하여 보기로 한다.

1 도 바꿔치기 제 4 형 백 3 의 씌움의 대책으로 흑 2 를 생각할 수 있다. 씌움에 대한 혐오증이 있는 사람이 두는 수의 방향이다.

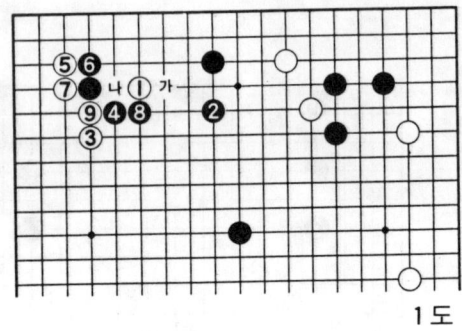

1 도

백 3 의 양걸침은 당연. 흑 4 로 나올 때 이하 9 까지. ㉮의 젖힘은 두점이 중복이 된 느낌이다. ㉯의 곳은 기합.

2 도 1 형 백 1 의 양걸침에 흑 2 의 3·3으로 타개하는 것은 백 3 의 뜀이 좋다. 다음에 백 ㉮의 마늘모엔 흑 ㉯의 비마가 있다. 백 ㉰, 흑 ㉱로 응수한다. 이 정석은 부분적으로는 백이 두텁다. 흑이 ㉲의 곳에 두어 상변의 백 2 점을 압박하는 것은, 백 ㉳로 받으면 흑 ㉴로 공격을 하여 백의 근거를 없앤다. 1도의 변화는 너무 알기 쉬우므로 여러 가지의 변화를 생각해 보자. 씌움에 기피하지 말고 진행을 해나가는 것이 이득이다.

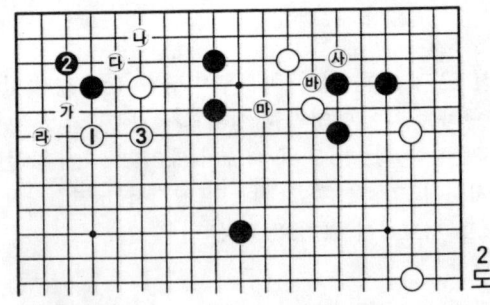

2 도

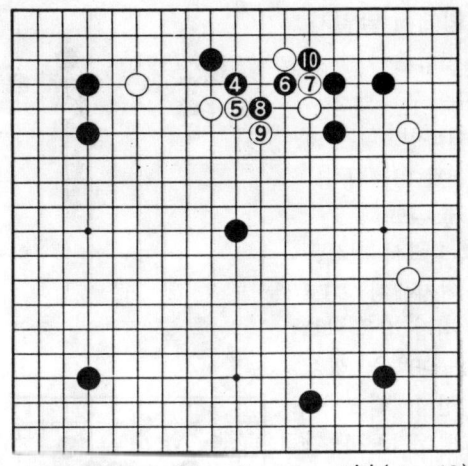

1 보 (4 - 10)

1 보 이맥의 나쁜 끊음 실전은 백 **4** 의 마늘모로 두어 백 5 로 누를 때 흑 6 으로 붙였다. 백 7 로 밀때 이하 **10**까지 끊음.

3 도 봉쇄 흑 1 로 두면 어떨까? 이에는 백에게 대책이 있다. 2 로 붙인 다음 **4** 로 부딪히는 것이 그것이다.

흑 5 가 불가피할 때 백 6 의 봉쇄가 있다. 다음에—.

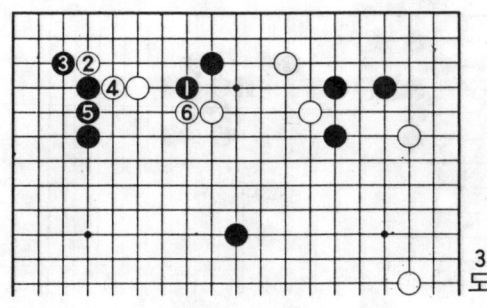

3
도

58

4 도 젖힘에서 날일자

흑 1 의 젖힘은 귀를 튼튼하게 하는 수. 백 2 로 연락을 차단하면 흑 3 의 날일자로 슬쩍 비켜간다.

5 도 크게 나쁘다

전도 흑 1 에서 전신을 하는 형태. 여기에서 흑1,3 으로 두어 직접 집을 확보하려는 것은 다음을 생각해 보아야 한다. 백 6 까지 된 다음에 백㉮, 흑㉯가 남아있는데 흑㉰의 끊음이 노림으로 남는다.

6 도 돌파구의 끊음

흑 1 의 날일자에 백 2 의 붙이는 수는 어떨까? 그러면 흑은 흑 3, 5, 7 로 나가는 비상수단이 성립한다. 백이 8 로 나가면 흑 9 의 끊음.

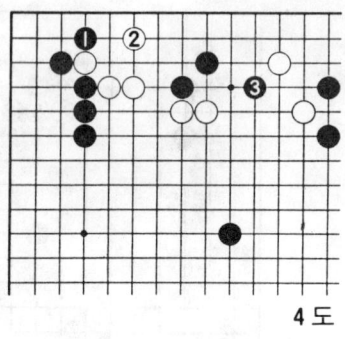

4 도

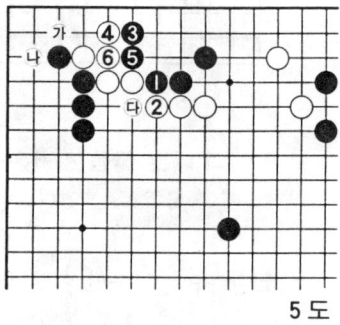

5 도

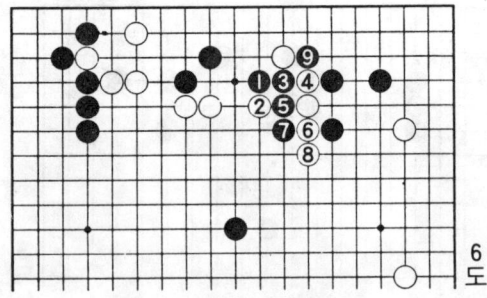

6 도

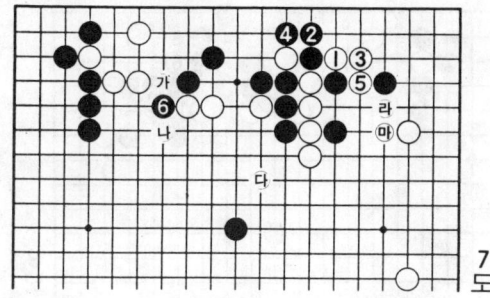

7 도

7 도 혹 만족 백 1 의 끊음에는 혹 2,4 로 되어 백이 5 까지
될 때 혹 6 의 젖힘이 있다. 백이 ㉮의 곳을 끊으면 혹㉯로
뻗어 상변의 혹 4 점을 손안에 넣는다. 중앙의 3 점이 공중에
떠있는 꼴이다. 이나음 ㉰로 크게 포획을 히는 수가 있다. 우
변 귀는 혹이 ㉱로 뻗거나 ㉲의 곳으로 건너붙이는데 쌍방
의 이익의 차이가 남게 된다.

8 도 모붙임
혹 1 의 날일자
로 나갈 때 백
2 로 모붙이는
수가 있다. 혹
3 으로 끌때백
4 로 뚫고 나
간다. 혹 5 , 백
6 의 젖힘까지.

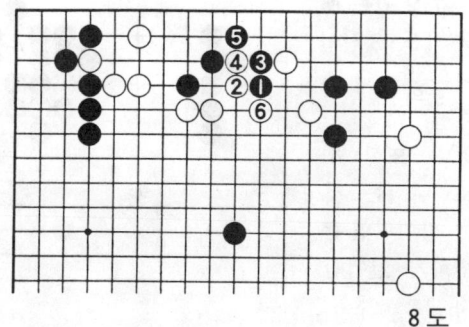

8 도

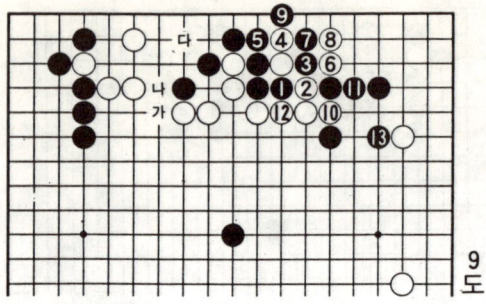

9
도

9 도 흑성공 여기에선 1,3으로 나가 끊는 수를 살펴볼 수 있다. 백이 6,8로 내려설 때 흑 9 다음, 백10으로 11을 강요하고 백12, 흑13의 건너붙임으로 나간다. 흑 만족의 국면이라 아니할 수 없다. 이다음 흑㉮의 젖힘, 백㉯, 흑㉰가 남는다.

10도 흑 좋다 전도 백12의 이음에 대하여 1 로 나가는 것을 생각할 수 있다. 흑 2 , 백 3 , 흑 4 , 백 5 흑6, 8로 젖혀때린 후 좌상 백을 전체적으로 공격한다.

우상 귀는 백 ㉮의 3 · 3 침입에는 흑 ㉯로 받지 않을 수 없다. 또한 4 로 나가는 것을 방치하면 큰 변화가 일어난다.

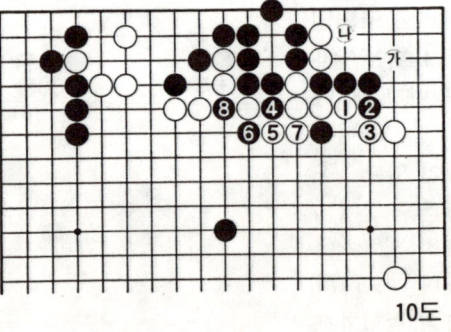

10도

2 보   2 점 취함 혹10으로 타개하려 할 때 11로 끊은 다음 13까지. 혹14 , 백15로 내려서 2 점을 포획하여 일응 혹이 불리한 것 같은데 실은 그렇지 않다.

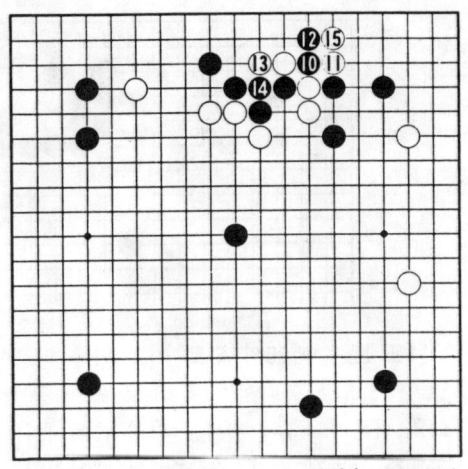

2 보 (10-15)

3 보 에위싸기 혹16의 봉쇄에 백17로 뚫으면 혹 18 , 20이 일련의 수순. 이후 22까지 되는데 귀의 희생은 감수 하여야 한다. 대국적으로 혹성공. 백23의 끊음에 혹 24의 이음. 백 25의 올라섬에 이 다음의 착수가 문제의 관건이다.

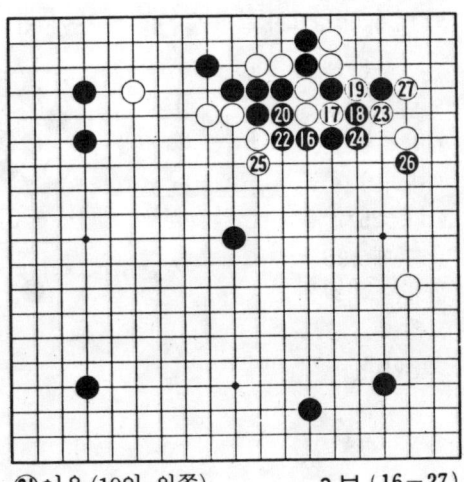

㉑이음(19의 왼쪽)   3 보 (16-27)

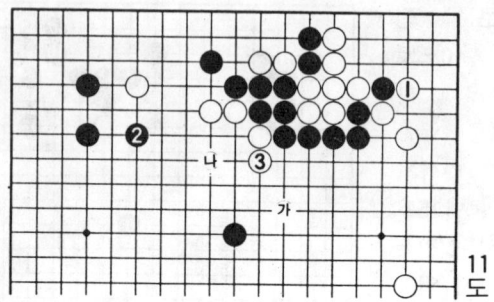

11도

11도 본수 백25의 수로 **1**로 귀를 확보한다. 흑**2**는 절호점. 백**3**으로 올라서면 흑㉮로 크게 공격을 하거나 ㉯의 급소를 찌른다. 흑의 우세는 의심의 여지가 없다. 그래서 돌의 흐름을 아는것이 기력을 높이는 것이리라.

12도 절호의 뻗음 백25 다음 26으로는 백**1**로 뻗어 귀에서 수를 내면 어떨까. 백2,4로 젖혀 내리면 흑**5**의 모붙임으로 백**6**을 강요하고 **9**로 내려서 수가 난다.

이다음 백10으로 우변을 지키면 흑 11로 백대마가 함몰한다. 25로 올라설 때 26의 붙임은 기회를 잃은 것. 27로 그만이다.

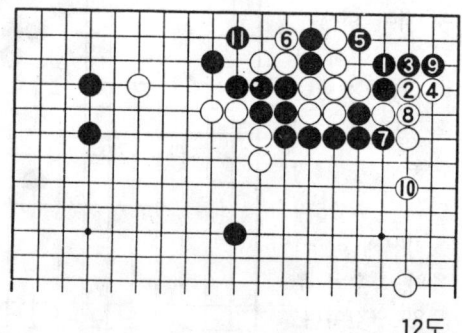

12도

13도 공격 전도에서 흑1 다음 백2, 흑3, 백4의 치중. 흑5의 부딪힘, 백6, 8로 된다음 흑9로 때리고 11까지 되어 흑이 절대 유리. 백12로 이으면—

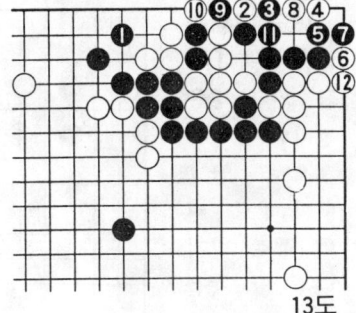

13도

14도 흑 좋다 흑1로 마늘모하면 백2로 패를 따고 3의 먹여침에 백4, 흑5로 찔러서 백이 부담이 기는 패. 백2로 3의 점은 만년 패. 어쨌든 흑이 유리한 싸움이다.

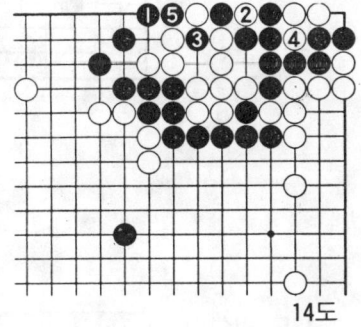

14도

15도 흑 우세 12도의 흑 10으로 백1로 두는 것은 흑2, 4의 2단 젖힘이 통렬하다.

백5, 7로 이으면 흑8로 한 점을 취한다. 백 9, 11에는 흑 12로 살 때 백 13으로 산다.

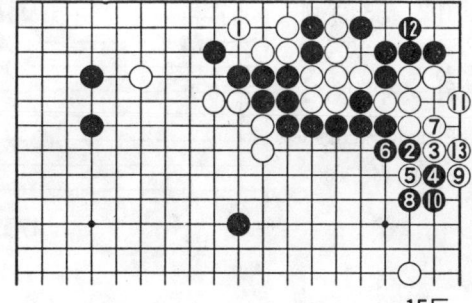

15도

16도 대세관
다음 혹 1의
급소가 좋은
점이다. 2에는
3으로 끌고
백이 4로 뛰
면 ㉠로 받거
나 ㉡의 곳을
두어 공격한다.

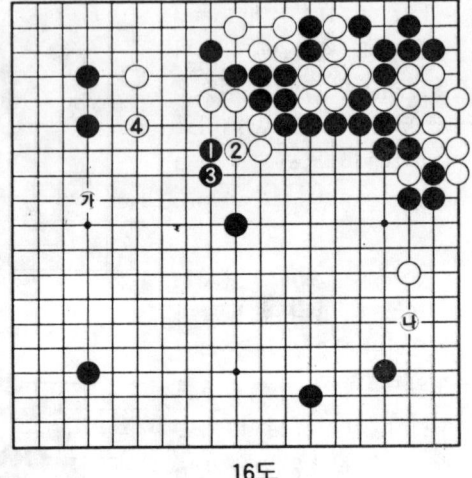

16도

17도 귀살이
귀의 혹 1은
백 2, 혹 3일 때
백 4, 이다음 5
의 곳이 정착이
다. 혹이 유리
한 형세.

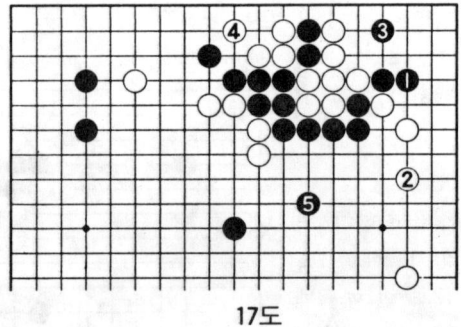

17도

제 4 보 돌의 흐름 흑26의 붙임에 백27로 귀를 잡으면 흑은 28로 끈다.

이후 37까지 되는데―.

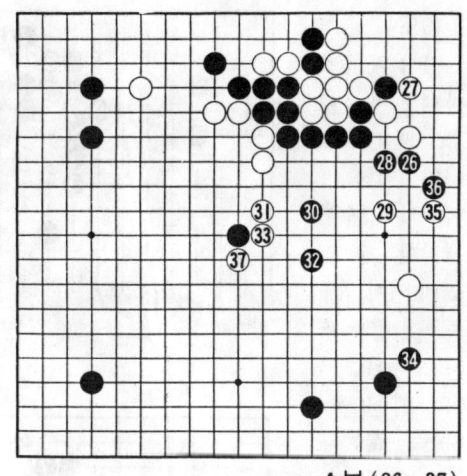

4 보 (26—37)

18도 이 모양에선 간단히 1의 곳을 두는 것이 나쁘지 않다. 흑㉮는 백의 권리.

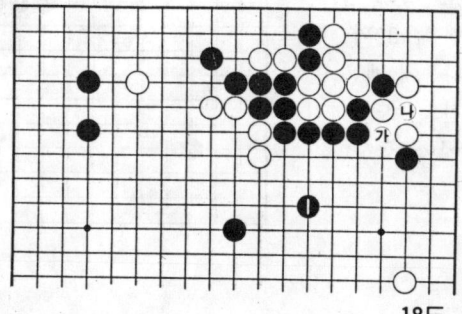

18도

19도 공격

혹 1의 급소
에 백 2, 혹 3 다
음 백 4의 뜀
이면 이하 9
까지의 강수를
생각할 수 있
는데 백이 ㉮
로 젖히면 흑
㉯, 백㉲, 흑
㉳, 백㉶ 흑
㉷로 끊는다.

흑이 9의 점
으로 ㉷의 곳을
선수로 두어 백
을 공격할 수
도 있다. 31의
뻗음, 32의 뜀
다음에 백은 안
전을 도모하기
에 급급하다.

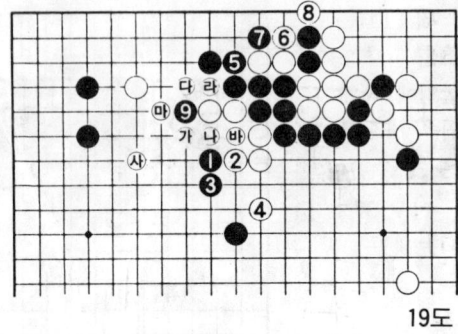

19도

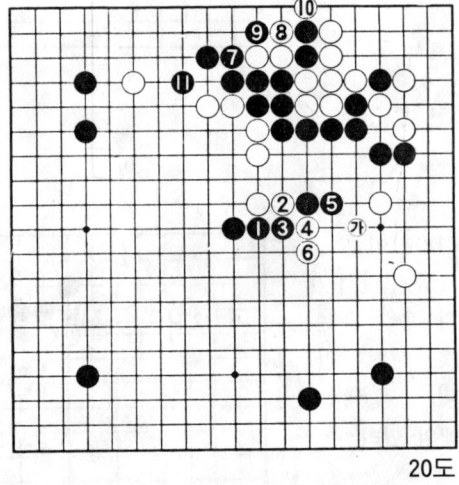

20도

20도 혹 1로 누르면 백 2,4로 끊는다. 흑 5, 백 6 다음 이
하 11까지. 흑은 ㉮로 나가는 수를 보고 있다. 백이 33으로
누르며 나간 다음 백은 35, 37 의 젖힘이 즐겁다. 전체적으로
혹의 소극성을 볼수 있다.

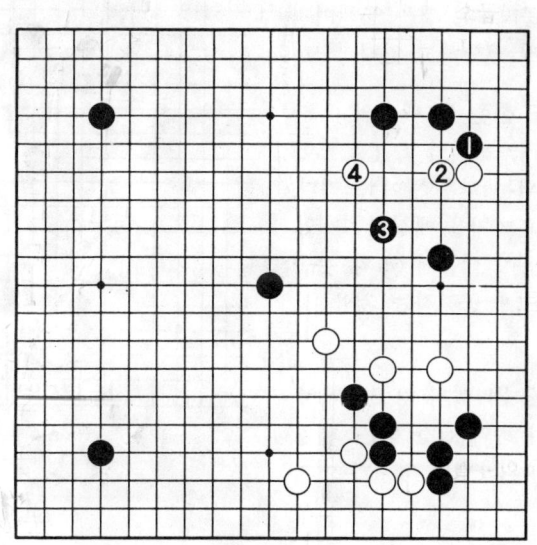

제 5 형 (1~4)

절대공세

제 5 형 2 칸 뜀 본국에서는 우상귀의 공방을 얘기하고자 한다. 흑은 우하귀가 일단락 되어 흑 1 로 모붙임하여 한점을 공격하고 있다. 백 2 에 흑 3 이 재미있는 착상. 이것은 접바둑 에서 나타난 모양이다. 백 4 로 2 칸을 뛰어 나가는 것의 맥 점은 어디일까?

1 도 먼저 뜀 흑 1 로 먼저 뛰어 공격하는 것은 85페이지 에서 잘 설명하고 있다.

2 도 한칸 뜀 백 4 의 2 칸 뜀은 경쾌하지만 흑 1 로 한 칸을 뛰는 것은 발이 느리다. 이하 6 까지를 예상할 수 있 는데 흑이 다음에 ㉮의 곳을 두어 크게 공격하는 것을 노 린다.

3 도 뜀 백의 2 칸 뜀에 대하여 흑의 한칸 뜀은 냉정 하다. 다음 백의 착수가 어렵 다.

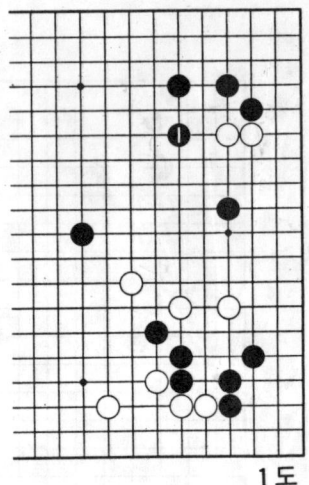

1 도

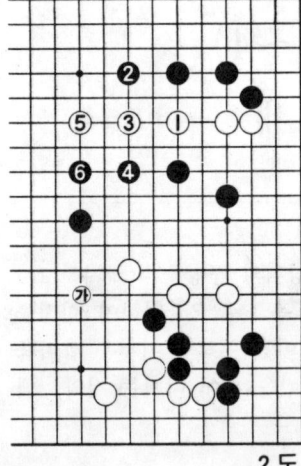

2 도

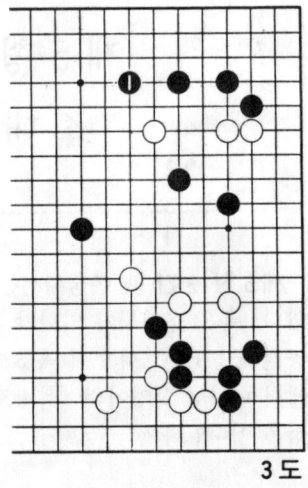

3 도

**1보 흑의 강
수** 흑 5의 붙임
의 백의 2칸 뜀
을 응징하는 강
수. 백 6의 젖혀
끼움에 흑 7로
바깥을 단수하
여 타개 한다.
몇가지를 흥미
롭게 검토하여
보자.

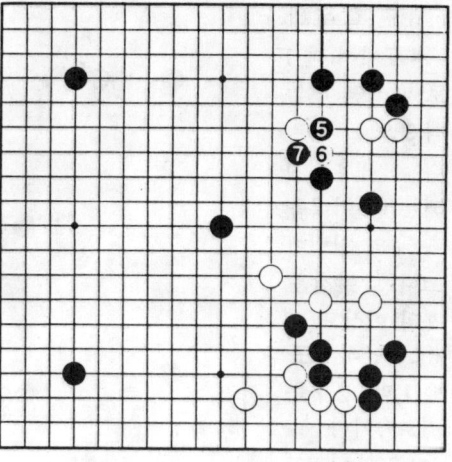

1보(5 - 7)

4도 또 백 6으로 1의 곳을 젖혀 끼움은 흑 2를 기다려
백은 당연히 3,5로 된다. 흑 6의 끊음엔 백 7, 흑 8까지 외
길 수순. 이다음—.

5도 단수 백 1의 단수에 흑의 응수는 ㉮,㉯,㉰의
3 곳인데 주위 상황에 따라 어느 곳을 두어 경영을 하느
냐가 중요하다.

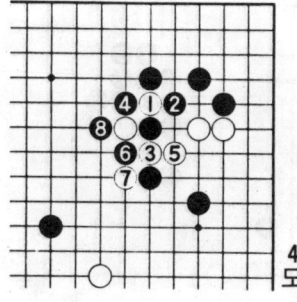

4
도

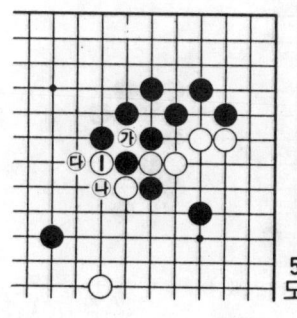

5
도

6 도 흑 우세

4 도에서 백 1
로 때리면 흑 2,
백 3 으로 때린
다. 흑 4 까지
되는데 이다음
흑 ㉮의 달림이
크다. 이것은
흑의 이상도(理
相図)인데 5도
백 1 의 응수는
미로속이다.

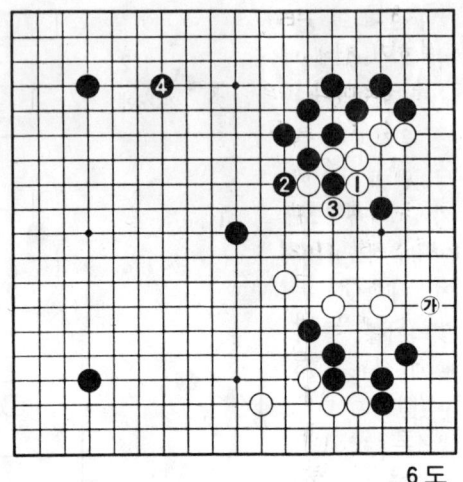

6 도

7 도 · 8 도 백 나쁘다 흑 7 의 윗쪽의 끊음은 1 로 안쪽을
파고들어 타개한다.

백 2 에는 흑 3 의 이음이 좋다. 백4 6 으로 나가면 흑7,
9 로 잇는다. 백이 크게 나쁘다. 백 4 로 ㉮에 두는 것은
흑 ㉯로 응수한다.

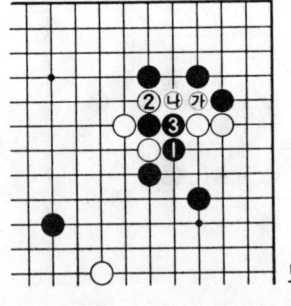

7
도

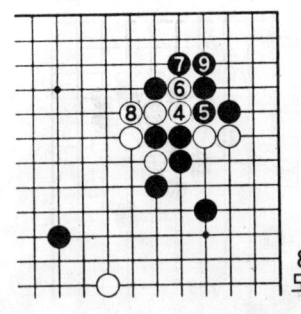

8
도

9 도 선수타진 그래서 백은 젖히기 전에 1 의 곳을 두어 2 를 강요하다. 3 의 젖혀 끼움에 흑 4, 6 으로 따내면 문제가 생긴다.

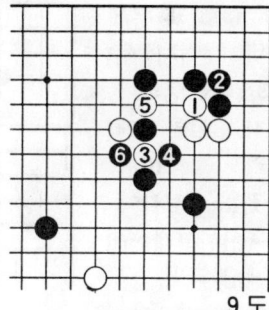

9 도

10도 백 크게 나쁘다 이다음 백 1 이하 10까지 되어 흑은 상변 실리가 크고 외세가 두터워 우세. 백은 도망 다니기 급급하다. 백㉮에는 흑㉯. ㉮로 ㉯의 뜀에 는 흑㉰로 둔다. 백㉯, ㉭는 흑㉯, 백㉲, 흑㉴로 궁지에 몰린다.

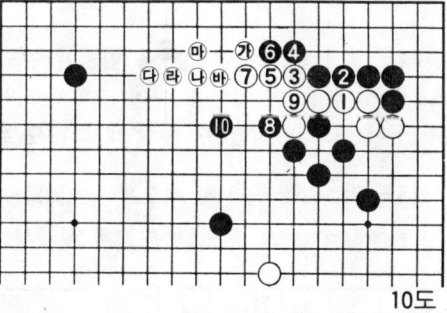

10도

11도 백 나쁘다 백 1 로 이으면 흑 2 이하 6 까지 공격하게 된다. 백이 좋지않은 모양.

12도 위쪽 젖혀 끼움에 있어서의 방향이 문제인데 백 1 의 맥은 어떨까. 흑 2, 백 3, 흑 4 인데—

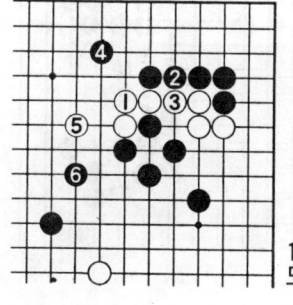

11 도

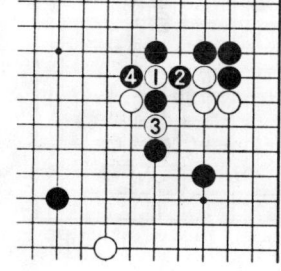

12 도

13도 흑 우세 백1에서 3,5다음 7,9까지 한점을 때려도 흑10의 곳을 선점하여 흑이 크게 우세한 국면.

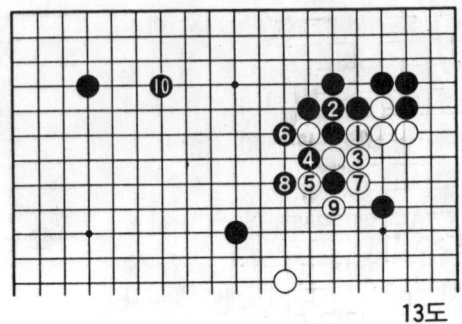

13도

14도 흑1로 뻗어나오면 흑 한점이 쓸모없이 되어버린다. 3,5로 뻗어나오면 이다음 백㉮, 흑㉯, 백㉰, 흑㉱, 백㉲, 흑㉴나㉳로 타개한다. 흑 우세로 13도보다 알기쉽다.

15도 백 위험 흑1에 백2의 날일자는 흑3,5의 절단이 있어 위험하다.

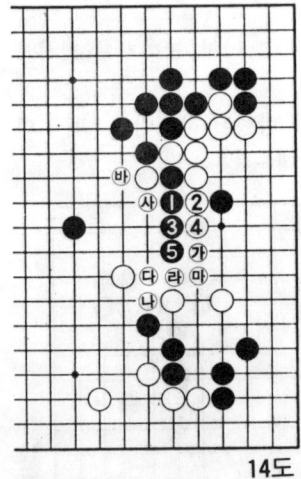

14도

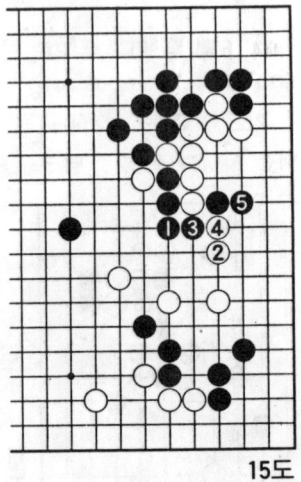

15도

73

2 보 작전변경

전보의 수순에
문제가 있는데
흑 7 로 바깥쪽
을 끊으면 어떨
까. 백은 8 로
끌어서 타개하려
하는데 여기에
대항하여—.

**16도 백 결
단** 13도의 변
화로 그림의 3
으로 1 로 두는

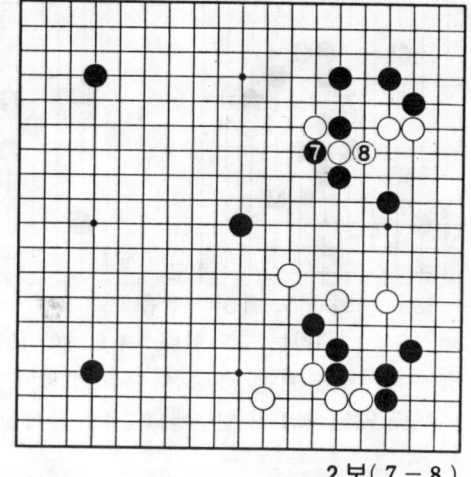

2 보 (7 - 8)

것은 흑 2 의 끊음이 있어서 안된다. 백 3 , 5 에는 흑 4 , 6 이
있다. 다음에 백⑦, 흑④, 백⑤, 흑⑥, 백⑩ 로 끊어서
잘되지 않는다.

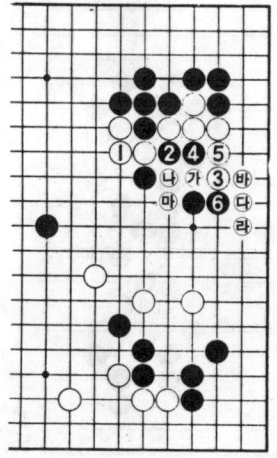

16
도

17도 크게 나쁘다 1 의 단수엔
흑 2 , 백 3 으로 끌어 흑 4 이음 이
하 12까지. 10도와 같은 모양으로
백은 도망하기에 급급하다.

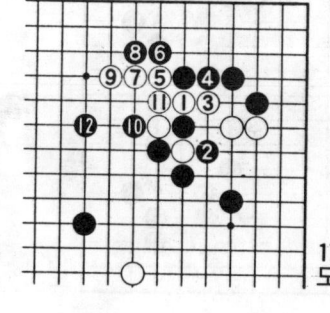

17
도

74

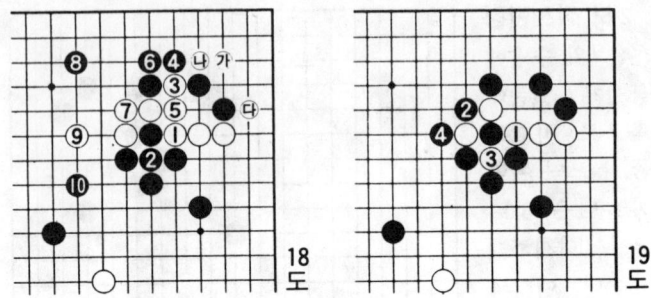

18도 변화 전도 백3의 끌음으로 1의 단수는 백2를 기다려 3,5로 타개하는 수도 있다. 흑6이하 10까지 생각해볼 수 있는데 이것은 백㉮,흑㉯,백㉰까지 백이 여유있는 자세이다.

19도 역습 백1의 단수엔 흑2,4로 봉쇄를 한다.

20도 봉쇄 백1로 이어 백7로 나가면 흑8,10으로 봉쇄를 한다.

21도 흑 대승 다음에 백1로 끊어서 취한다. ㉮와 ㉯가 맞보기 흑의 대승.

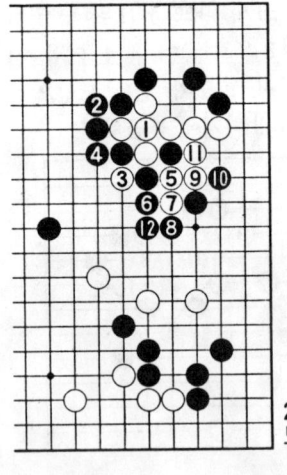
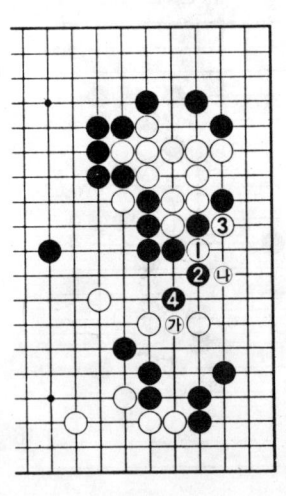

3보 방향착

오 여러가지의 변화 중에서 나쁜 모양의 발생을 알아보자. 흑 9의 단수 다음 11로 이음은 일시적인 성공으로 보인다.

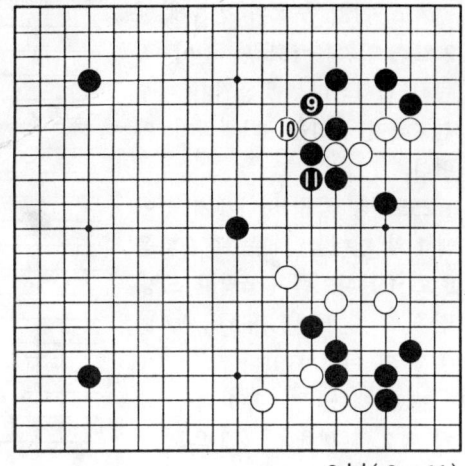

3보(9-11)

22도 외곽 흑 1 단수 다음 흑 3으로 꽉 잇는 수도 있다.

23도 흑 이익 이다음에 백1, 3은 4이하 8까지 된다. 이하 14까지의 모양으로 흑의 이익이다. 나중에 백이 ㉮의 곳을 두거나 혹이 ㉯의 곳을 달리는 것이 크다.

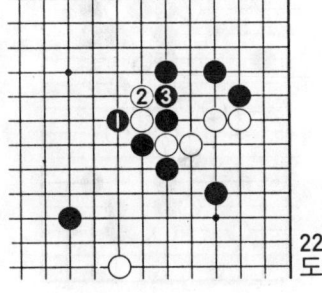

22도

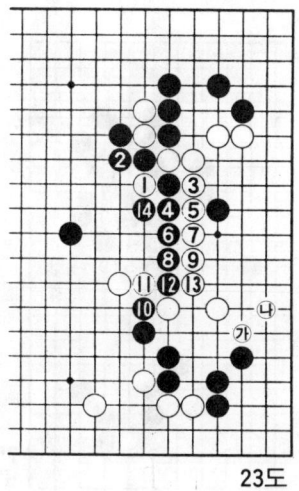

23도

24도 **위험** 흑 1 의 뻗음에 백 2 의 날일자는 15도와 같이 지극히 위험하다. 우상귀가 너무 견고하여 살기를 기대하기 어렵다.

25도 **백 궁핍** 타개에 있어 백 1 의 건너붙임에는 흑 6 다음 8 로 누른다. 백이 궁핍한 모양. 변은 흑㉮, 백㉯, 흑㉰, 백㉱, 흑㉲의 여지가 있다.

26도 **백 난전** 흑 1 의 누름에 백 2 의 뻗음은 흑 3 으로 이어 난해하다. 백㉮에는 흑㉯로 계속 눌러간다.

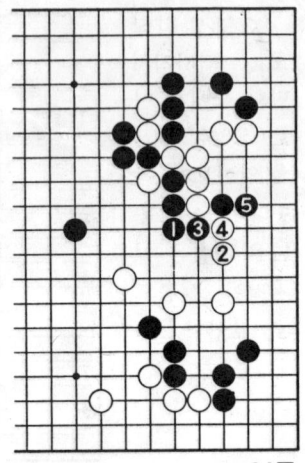

24도

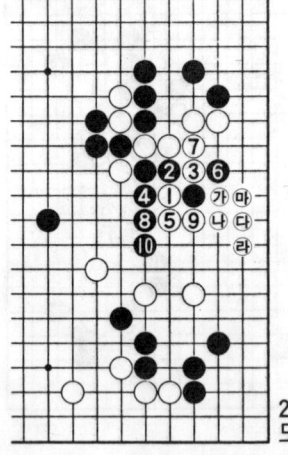

25도

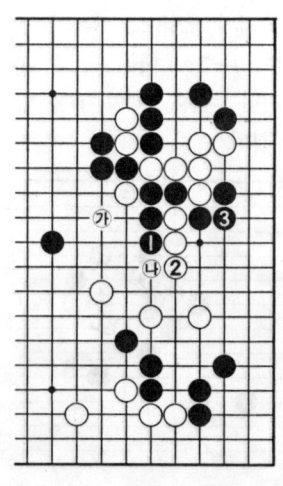
26도

4보 귀를 취함 단수의 방향이 문제이긴한데 백14, 16 으로 나가 끊어서 귀를 취한다. 흑17 의 이음이 좋지 않다.

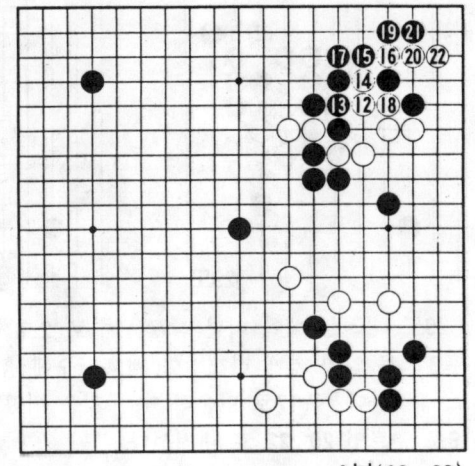

4보(12-22)

27도 단수 이 수로는 1 의 수가 있다. 백이 2 로 끊으면 흑 3 으로 때린다.

28도 흑 좋다 다음에 백 1 단수 다음 백 3 으로 누르면 흑 4 로 단수한다. 백⑦, 흑④, 백④, 흑④, 로 잇는다. 백에겐 위를 노리는 수가 있다.

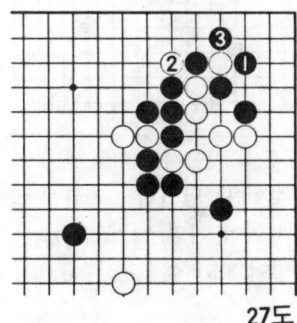

27도

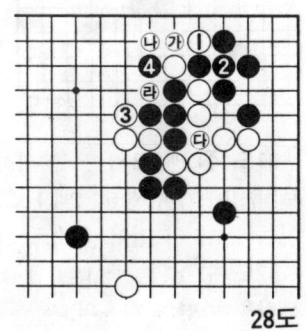

28도

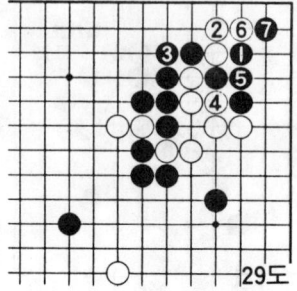

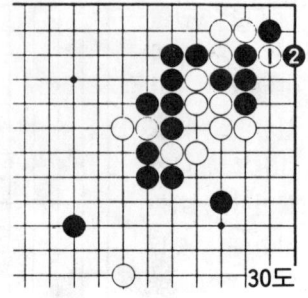

29도 내려섬 백이 바깥의 끊는 수로 2로 내려서는 것은 흑 3으로 알기 쉽게 타개된다. 백 4 단수에 흑 5, 6에는 흑 7로 공격한다. 흑17로 단순히 잇는 것은 어쨌거나 나쁘다. 흑 19로 누르면 20, 22로 내려선다.

30도 아래쪽 29도의 공격 다음 백 1로 끊으면 아래쪽을 단수하여야 수가 나지 않는다.

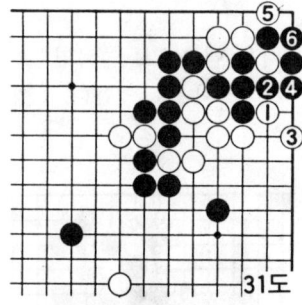

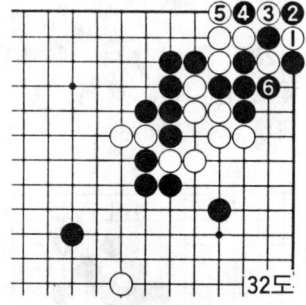

31도 집 백1,3의 패를 피하여 흑 4로 잇는다. 백 5, 흑 6으로 유가무가의 형태. 백 1로 5의 젖힘은 당연히 흑 6으로 잇는다. 6의 점이 급소로 그곳에 백돌이 가면 패가 난다.

32도 수 없음 백 1의 곳을 집어넣어 3,5하여도 흑 6으로 한점을 따면 만사휴의.

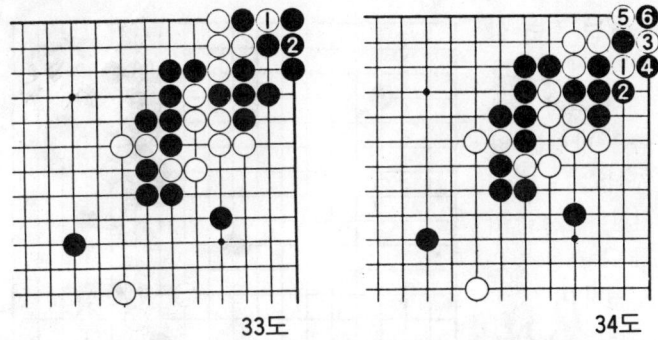

33도   34도

33도 **백 부담** 백 1 로 때려내도 흑 2 로 이으면 더이상 손쓸 수가 없다.

34도 **2 단패** 백 1 끊음에 흑 2 의 단수는 이하 6 까지 2 딘 패가 난다. 백 3 이 맥점이 된다.

35도 **흑 우세** 흑 1 , 백 2 에서 흑 3 의 이음까지. 백 4 로 귀를 취하면 흑 5 로 6 을 강요하고 7 로 끊어서 2 점을 취한다. 흑 우 세는 의심할 여지가 없다.

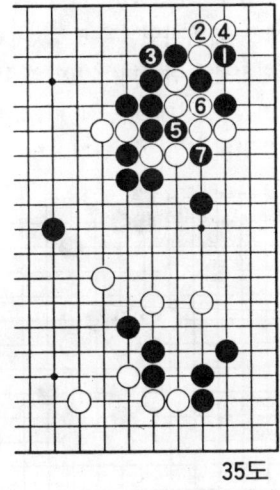

35도

5보 주변 상황 백에 결정타를 날리지 못한 흑은 방향을 바꾸어 **23**으로 전환한다. **24**로 위를 누르는 것은 당연하다.

36도 절단 백이 1로 이으면 흑2, 4로 나가 끊는다. 우변 3점은 고립무원. 보의 타개가 상용 (常用)의 법이다. **25**의 수로는—.

37도 버팀 1로 나갈 때 백2, 4로 에워싸면 흑5로 내려서 한점을 취한다. 6이하 10까지 외길인데 나중에 백△ 표의 2점의 활용이 관건이 된다.

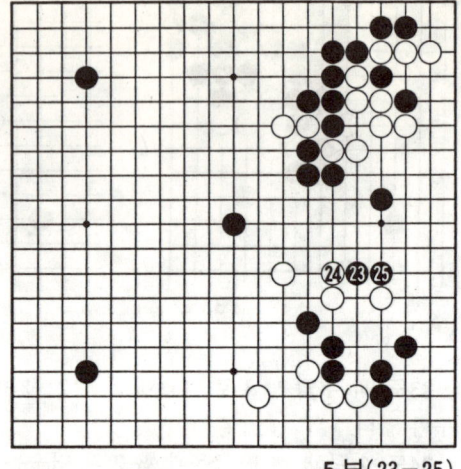

5 보 (23—25)

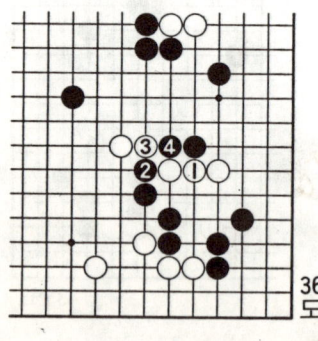

36
도

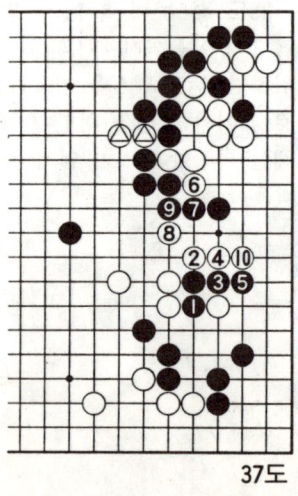

37도

6 보 착안점

혹25의 내려섬에 26의 이음은 27의 젖힘으로 이하 33까지 되는데 혹의 착안점의 허술함을 지적하여 득을 얻는다.

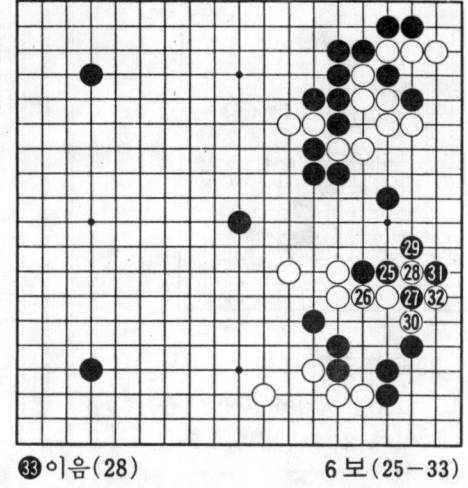

❸❸이음(28)　　　　　6 보 (25-33)

38도 상변이 크다 대세상의 요충은 혹 1의 점이다. 1을 ㉮로 두어 백 2점을 움직이지 못하게 하여 타개하는 방법도 있다. 백에서 좌하귀의 ㉯곳에 마늘모 하는 수는 혹이 ㉰로 응수한다. 27의 젖힘은 백이 28로 끊어 응수가 궁하다. 27로는 —.

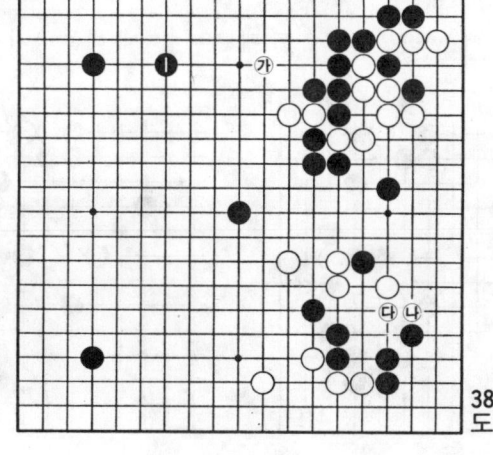

38
도

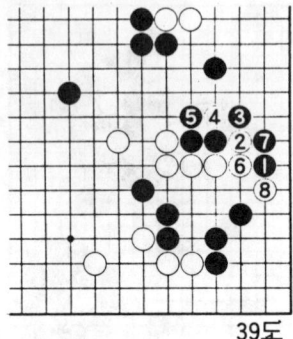

39도

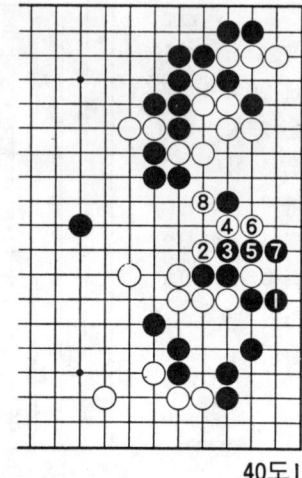

40도ㅣ

39도 부딪힘 1의 날일자
는 백2,4의 조임에 흑이 괴롭
다. 이하 8 까지 건너 붙인
다.

40도 흑 실패 1로 단순히 내려서는 것 은 백2,4의 조임에
서 8 의 젖힘이 있다. 이것은 흑의 실패.

41도 기대치 백 1에 흑 2 의 내려섬은 어떨까? 30에서
32까지는 흑이 약하다. 33의 이음이 주문을 따름인데—.

42도 백 1 로 끊어 흑 2 로 패를 때릴때에 싸울 용기가 필요
하다.

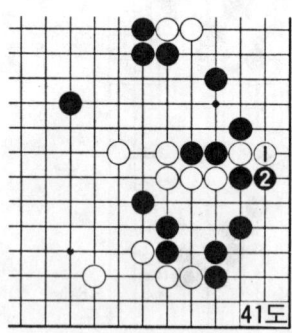

41도

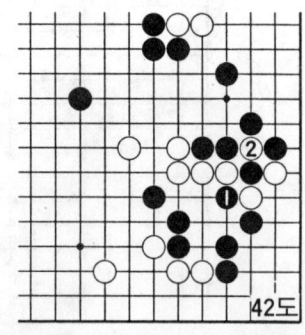

42도

7 보 접전

혹이 33으로 이으면 백도 34로 잇는다. 혹35로 끊어잡으면 귀의 3점이 공중에 뜬 돌이 된다. 41로 3점이 나가면 ㉮의 점 끊음이 공격복표. 3섬을 사석으로 하여 ㉯의 곳 요점을 노린다.

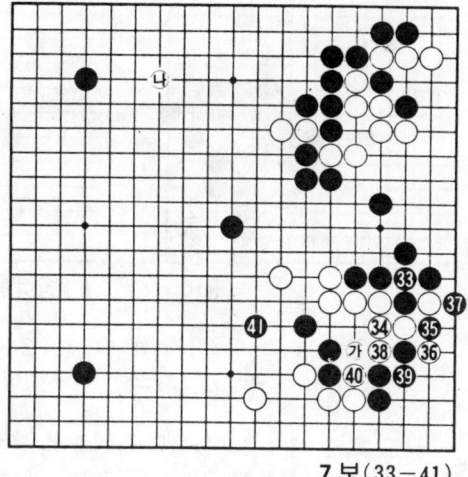

7 보(33-41)

8 보 혼미 여기에서 42로 나오는 것을 43으로 직접 받아 49까지 크게 끝내기를 당한 모양. 그래서 43으로는—.

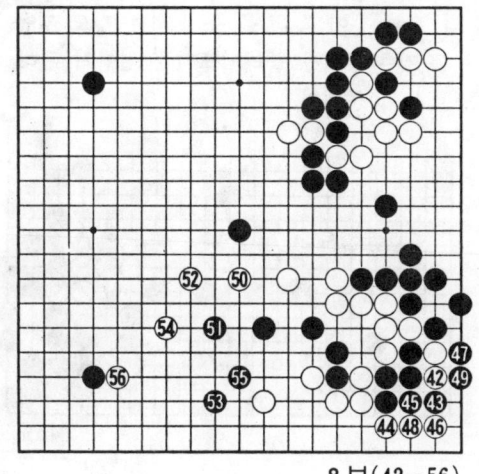

8 보(42-56)

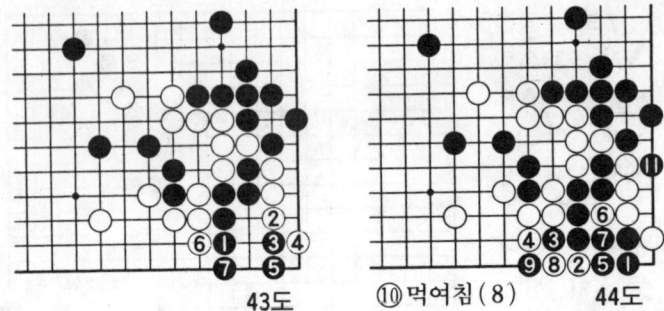

43도
⑩먹여침(8)   44도

43도 흑승 1로 내려서는 한수다. 백 2 에는 흑3,5가 준비된 수순. 이하 유가무가로 흑승.

44도 흑승 백 1 로 내려설 때 백 2 로 급소의 치중은 어떨까? 3 이하 11까지 그만이다. 흑51, 백52의 뜀은 전개. 53의 협공이 좋은 수.

45도 뜀 평범하게 1로 뛰고 백⑦,흑⑭로 타개하든지 백⑦로 ⑭의 곳에 두어 흑㉡를 두게 하는 것도 같은 형. **55**로 귀쪽에 두는 것은 혼미를 불러일으키는 원인이 된다. 그러니까 전보(7보) **41**이 문제다.

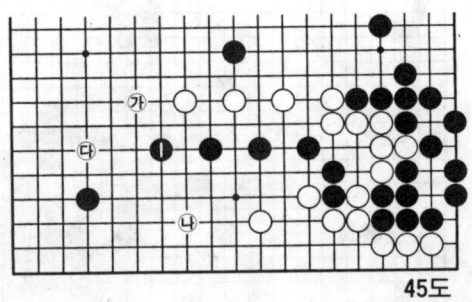

45도

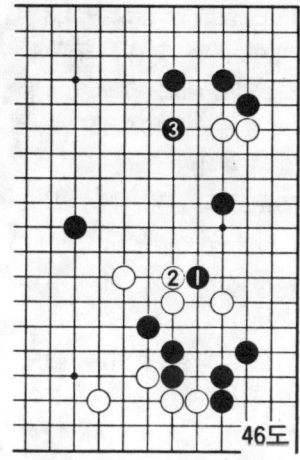

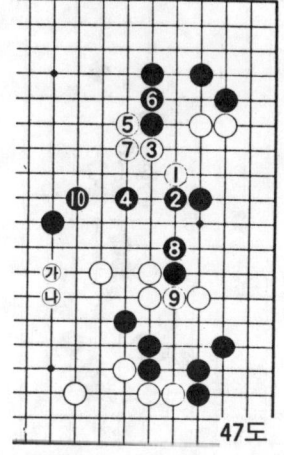

46도 **한칸 뜀** 흑 3으로 공격하는 것도 유력하다. 처음으로 돌아가서 흑 1로 들여다 볼 때 백 2로 누르면 흑 3으

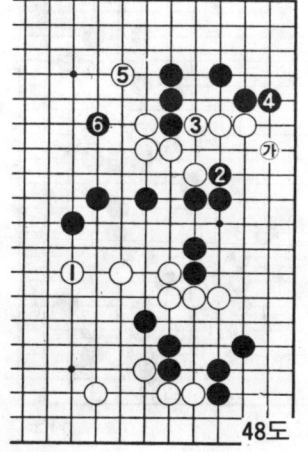

로 타개를 한다.

47도 **흑 호조** 백이 2점을 직접 움직이는 것으로 1의 어깨짚기가 있다. 이것은 흑 2로 미는 것에서 4의 뜀까지 수순. 백3,5로 모양을 갖출 때 6으로 이은 다음 8,10으로 타개하여 흑 호조. 다음에 흑㉮, 또는 ㉯로 공격을 한다. 우변의 백은 다음에—

48도 **백 고전** 백 1로 뛰어나오면 흑 2로 구부린 다음 4로 귀를 지키는 것이 침착하다. ㉮로 건너감을 엿본다. 5의 날일자는 6의 급소로 백의 부담이 된다.

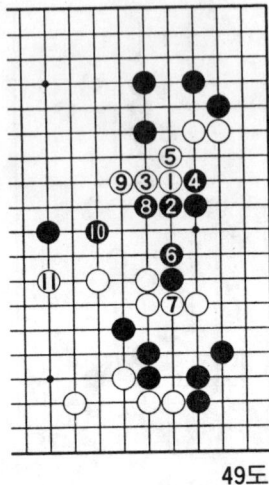

49도

49도 형태의 급소 백1,3으로 밀어 올릴 때 4의 구부림이 모양의 급소. 5로 연결할 때 흑6에서 8,10으로 중앙으로 진출하여 호조.

50도 절대공세 다음 흑1, 3,5 다음 귀는 백⑦, 흑④, 백ⓒ, 흑④까지. 절대 공세의 입장.

51도 강력한 두터움 49도 11로, 1에 두는 것은 흑2의 두칸 뜀으로 하여 이하 12까지 외길 수순. 흑의 승세의 국면.

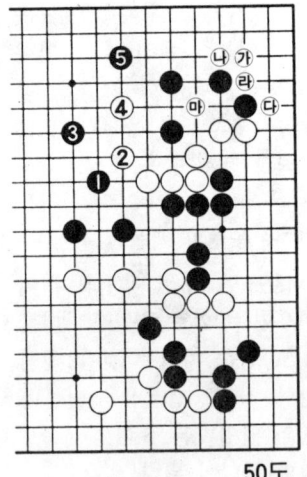

50도

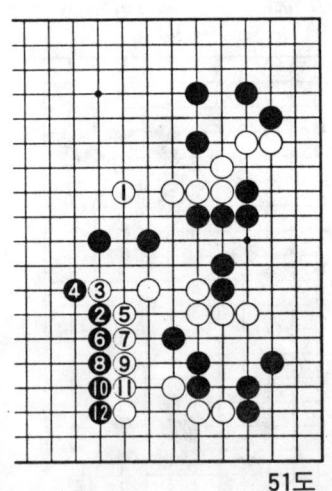

51도

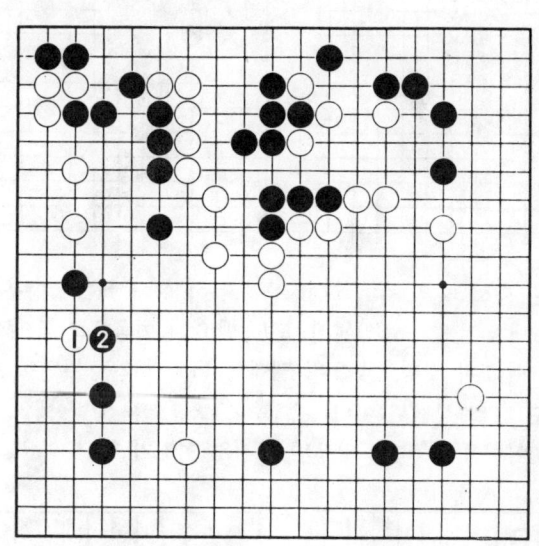

제6형 (1-2)
죽음에의 정석

　제6형 **타개의 침입**　4점 대국에서 백 1로 침입하여 타개
하려 할 때 흑 2의 붙임이 있다. 문제의 주안점은 흑돌의 흐
름이다.

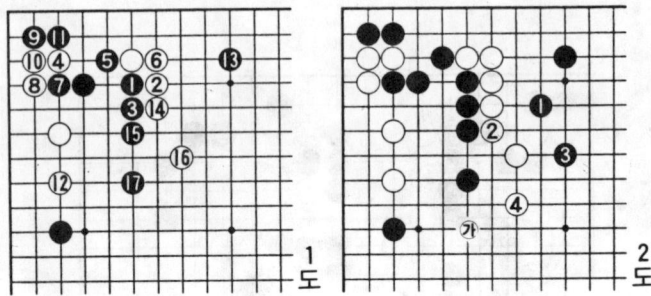

1 도 **정석** 흑은 좌변 화점 밑에 돌이 있어 백을 양분하고 있다. 백 4 의 3 · 3 침입에서 흑 5 , 백 6 의 이음으로 양분하여 흑 7 , 백 8 의 젖힘, 흑 9 의 맥에서 11, 백12의 뜀까지 외길.

2 도 **그후** 실전보는 이다음 흑 1 로 급소를 압박. 백2 , 4로 모양. 이다음 흑㉮로 받으면 문제의 여지가 있다.

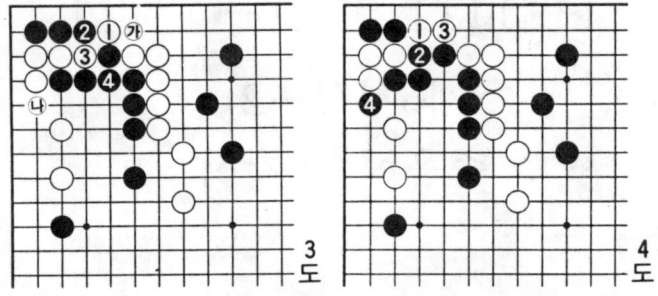

3 도 **끊음** 1로 젖혀끊으면 흑 2 로 끊어 응수를 한다.

4 도 **안끊김** 백 1 의 젖힘에 흑 2 의 응수. 백 3 에 흑 4 로 젖히면 백이 떨어지게 되어, 이곳은 더 이상 백이 손을 쓸 수 없게 된다는 것은 상식이다. 그러므로 백은 흑을 끊으려다가 오히려 당하는 꼴이 된다.

1보 타개·
침입의 주변
백 1의 타개의
침입에 대하여
는 흑은 2로
붙이는 것이
알기쉬운 방법
의 하나.

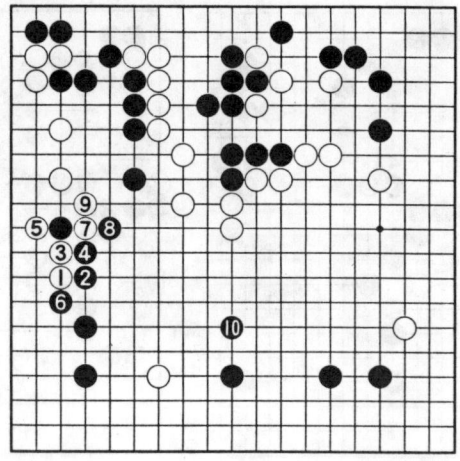

1보(1 - 10)

5도 마늘모 1의 곳 마늘
모로 두는 방법을 생각할 수
있다. 그러면 백은 2로 나간
다음 46으로 붙여서 끈다. 다
음 백 8로 내려서는데 ㉮의
젖힘과 ㉯가 맞보기 흑이 수
싸움에 자신이 없어 ㉯로 연
결하면 ㉮의 곳을 허락하게
된다.

6도 젖힘과 끊음 흑 1의
내려섬에 백 2의 젖혀서 끊
음은 이하 흑 9까지 되는데,
여기에서 3,5로 젖혀 이어 좌
상의 불안한 일단을 안전하게
타개한다. 백 68로 삶을 구
하지 않을 수 없다. 백 8은

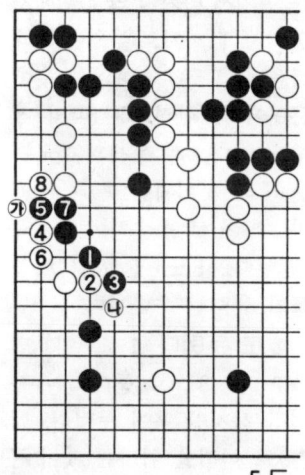

5도

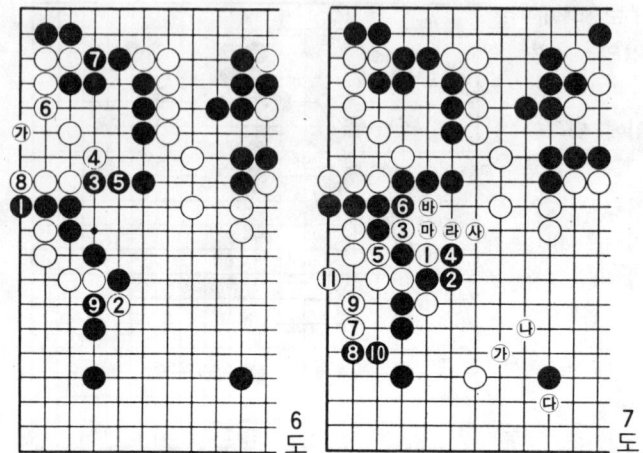

6 도

7 도

㉮의 곳이 본수인데 흑의 주문이다. 그다음에 9로 끊는다.

7 도 흑 우세 이다음 백1,3에는 흑4,6으로 응수한다. 백은 여기서 나가지 않고 변에서 7 이하 11까지로 삶을 구한다. 다음에 흑㉮나 ㉯의 곳이 큰곳이다. 한편으론 ㉰의 철주도 있다. 흑 우세의 국면. 백㉠의 젖힘에는 흑㉢, 백 바, 흑㉦로 응수하여 돌파구를 연다. **5 도** 흑1의 마늘모가 유력한 수단이다.

8 도 두텁다 1로 이으면 백2, 흑3으로 둔다. 후수이긴 하지만 흑이 두텁다. 백 7,9로 한점을 취하는 것이 큰 수이다.

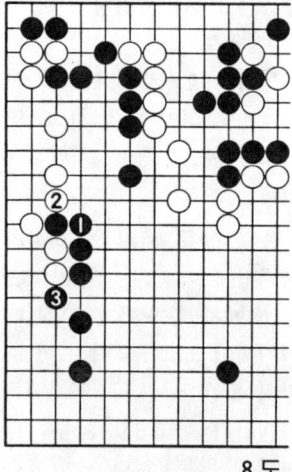

8 도

2 보 태만한 지킴 흑이 전 보에서 8도의 위쪽을 이은 것도 흔히 쓰는 법인데 선 수로 흑10의 곳을 뛰어나가면 백은 주위 여건에 따라 한점을 끊어 잡는다. 10의 뜀은 급한 곳

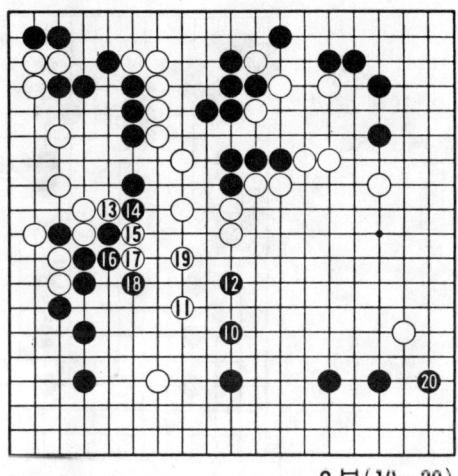

2 보(10—20)

이며 백11에 대하여 12의 뜀.

백13, 15로 끊어 17로 누른다. 그러면 흑18의 젖힘에 19까지 정형인데 교환을 보류한다.

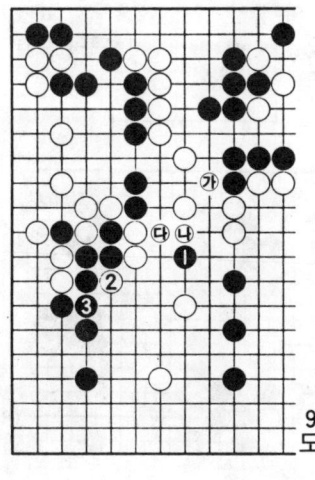

9도

9 도 급소 흑1이 급소로 백2에는 3으로 잇는다.

흑㉮로 나가 백의 단점을 노리게 되는데 백㉯의 부딛

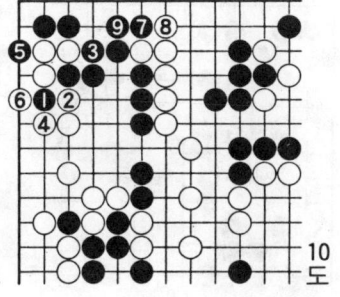

10도

힘엔 흑⒞ 의
절단이 있다.

백19에는 손
을 빼고 20 의
큰곳으로 전환
한다.

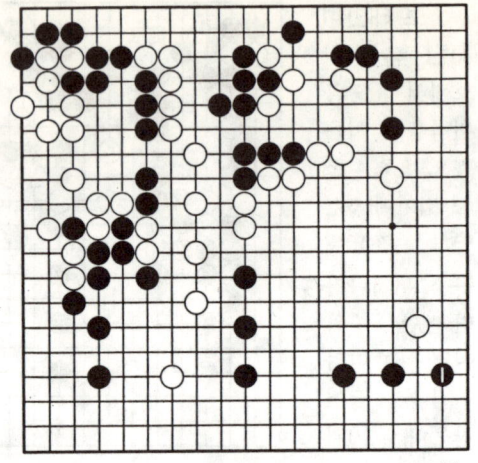

11도

10도 삶 흑 1 의 젖혀 끊음 다음 **7,9**로 삶을 구한다. 흑 **5** 가
선수. 흑은 **7,9**의 젖혀서 이음을 생략할 수 없다.

11도 손뺌 흑 1 로 다른 곳을 두어도 귀는 죽지 않는다.

12도 흑활 손뺌에 대하여 백 1 의 붙임에는 흑**2,4**로 산다.
백⒢로 끊으면 흑⒨, 백⒞, 흑⒭, 백⒧의 사석작전으로
5 점을 버린다.

13도 흑활 백**1,3**으로 젖혀 이으면 **4** 로 그만이다.

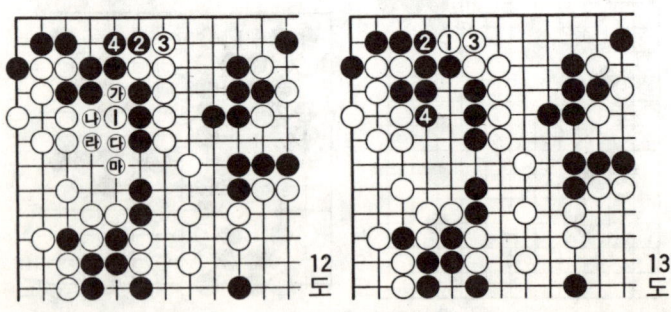

12
도

13
도

3보 대마횡사 흑20의 뜀이 패착으로 비극의 원인이 된다. 백21, 흑22까지 중앙을 자중한 다음 25로 공격한다.

흑26, 28의 젖힘에 29의 모붙임다음 31까지 대마 횡사.

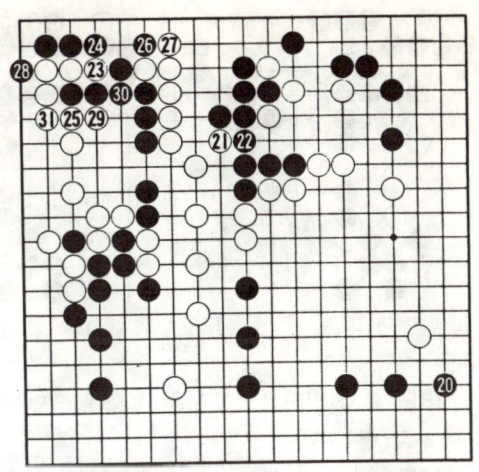

3보(20—31)

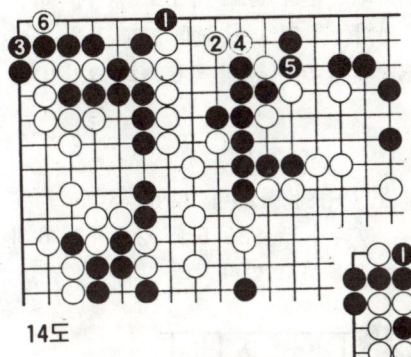

14도

15도 흑사 이다음 흑1로 두면 백2의 치중이 급소로 4의 외길 수순이 기다리고 있다.

14도 치중 흑1의 젖힘에서 3으로 타개하려 해도 백은 4로 이익을 취한후 6의 급소에 치중한다.

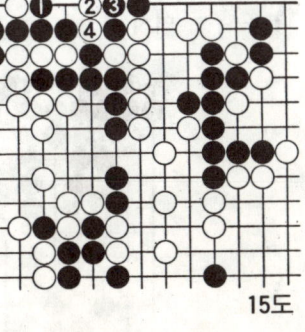

15도

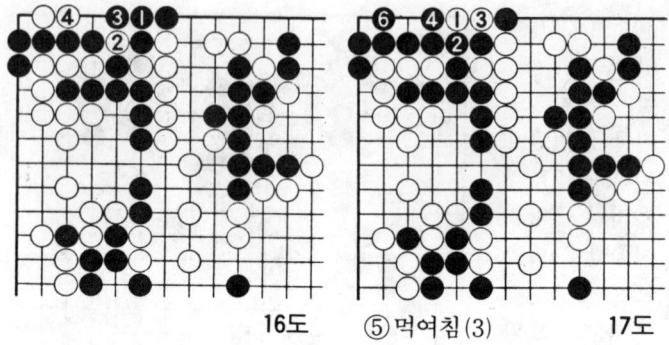

16도   ⑤먹여침(3)   17도

   16도 흑사 전도의 흑1을 1로 이으면 백2로 먹여친 후 백4로 뻗는다.

   17도 그런데 14도의 6으로 두지 않고 백1로 공격을 하는 것은 이 흑을 살려주고 만다. 흑2의 이음에 3의 곳을 부딪힘은 흑4로 때려낸 다음 5의 먹여침에 흑6으로 그만이다.

   18도 흑사 또 백29로 둔 다음에 흑28의 젖힘으로, 1의 젖힘에서 3까지가 있다. 그러나 백4로 5를 강요하고 6의 곳을 두면 역시 흑 대마는 함몰하고 만다.

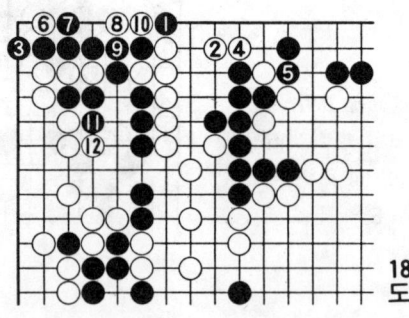

18도

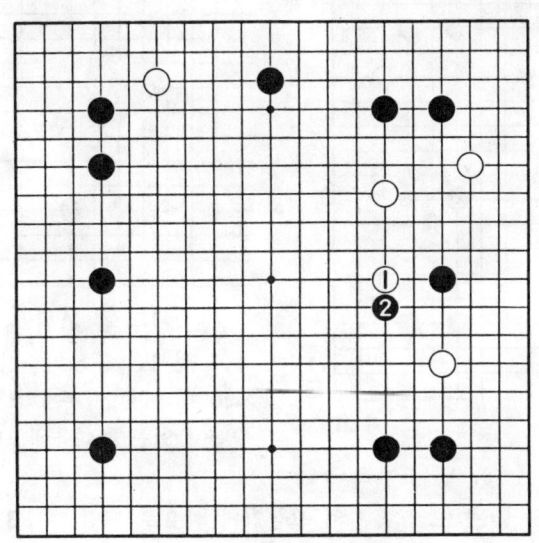

제7형 (1-2)
싸움과 붙임

제1형 강력한 타개 백1의 씌움에 대하여 흑2의 건너붙임은 감각의 한수이다. 이것도 강력한 타개의 한 방법이다. 당연히 백이 반격하리라는 것을 각오해야 한다. 흑2의 붙임은 실전에 자주 나타나는 상형(常形)이다.

1도 날일자 본 문제를 얘기하기 전에 날일자의 타개부터 생각해 보기로 하자. 백2로 올라서면 흑3의 모붙임까지 모양이다.

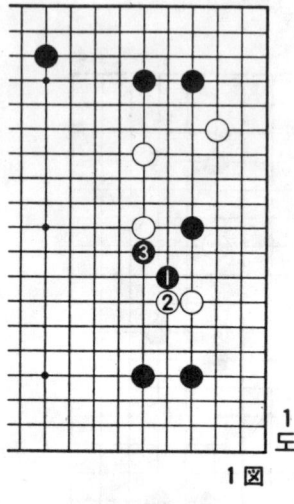

1 図

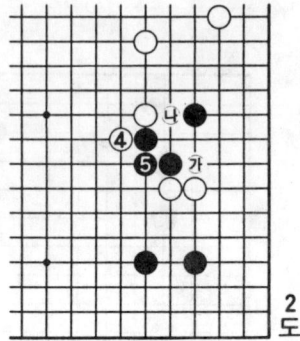

2 도

2 도 사두(蛇頭)이다음 백 4 로 젖히면 흑 5 의 빈삼각 으로 나간다. 이곳에 일련의 수단이 있는데 다음에 백㉮ 에는 흑㉯, 백㉯에는 흑㉮

3 도 좋은 모양 흑 1 의 모붙임에 백 2 로 뛰면 흑 3 으로 젖혀 5 로 잇는다. 흑의 봉쇄가 좋은 모양이다.

4 도 끊음 다음에 백 1 로 끊으면 흑 2 이하 6 까지 한점을 희생하여 둔다. 이다음 흑㉮의 젖힘엔 백㉯로 내려설 수 없 다. 부득이 백㉰면 흑㉯,백㉱로 된다.

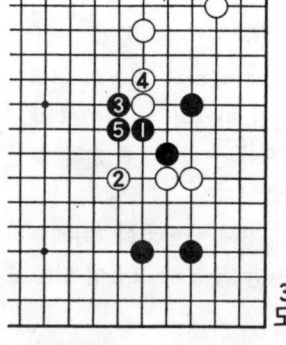

3 도

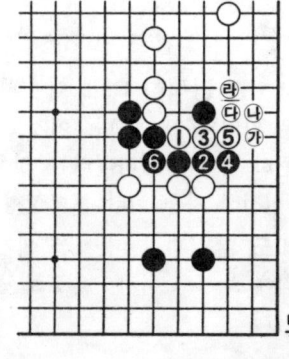

4 도

1보 강력한 끊음 흑 2 의 붙임은 강수이다. 백 3 으로 젖히면 흑 4 다음 백 5 로 6 을 강요하고 7 로 내려선다. 이 다음 흑 8 엔 9 로 이어 앞으로 전도가 불가사의하다.

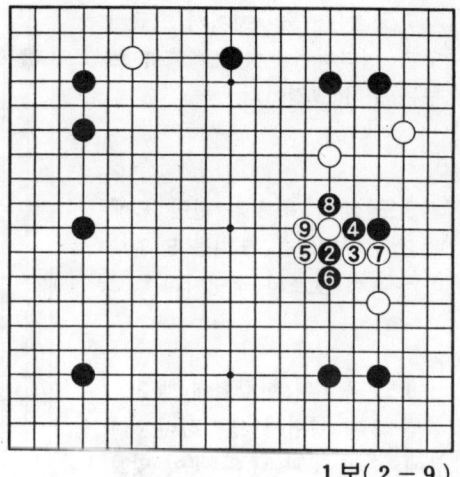

1 보(2 − 9)

5 도 흑 좋다 위로 젖히면 흑 6 까지 백을 분단하여 호조.

6 도 상식 1 로 단순히 내려서는 것은 상식으로 중앙의 흑 돌이 무거워 보인다.

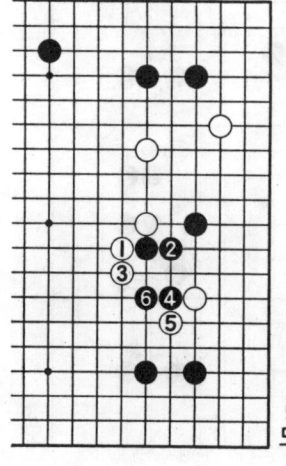

5 도

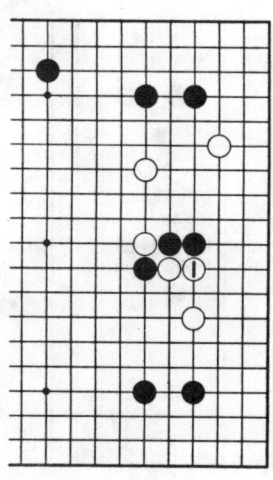

6 도

7 도 뛰는 형 여기서 고급의 수를 생각하여야 한다. 흑 1 로 두는 수가 그것이다.

8 도 성공 흑 1 의 한칸 뜀에 백 2 의 내려섬은 3 다음 5, 7 로 나가 흑이 호조의 국면이다.

9 도 흑 1 의 한칸뜀에 백 2 로 늘면 3 의 쌍립이 냉정하다. 다음에 ㉮의 곳과 ㉯의 곳이 맞보기. 다음 페이지의 설명을 살펴보자.

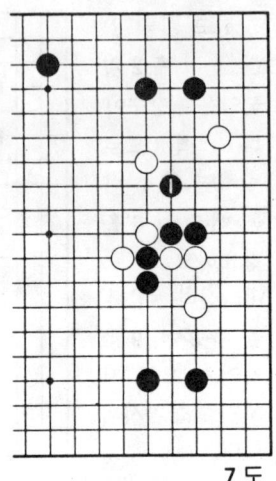

7 도

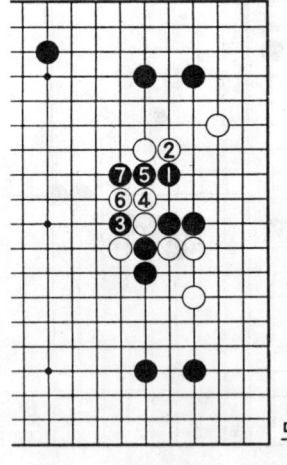

8 도

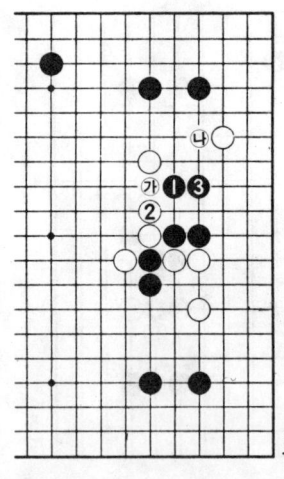

9 도

10도 **붙임** 백 2 로 중앙쪽을 막으면 3 의 붙임은 당연하다.

11도 **연락** 백 1 로 젖히면 흑 2 로 쌍립하여 이하 8 까지의 봉쇄. 다음에 백 ㉮ 는 흑 ㉯ 의 내려섬. 다음 백의 수가 고통스럽다. 흑 8 에 백 ㉰ 로 둘 수도 있다.

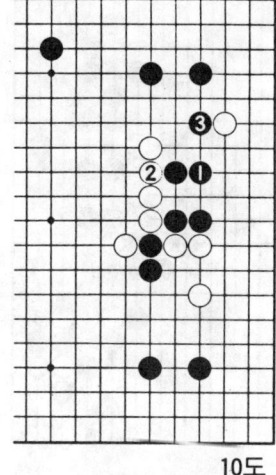

10도

12도 **붙임** 전도의 백 1 로 붙이면 흑 2, 백 3, 흑 4 다음 6 으로 저항을 하여 백 7, 흑 8 까지.

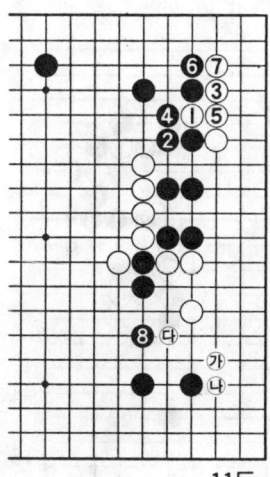

11도

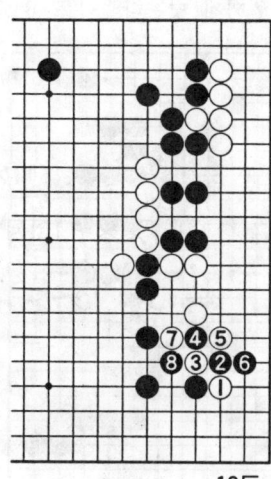

12도

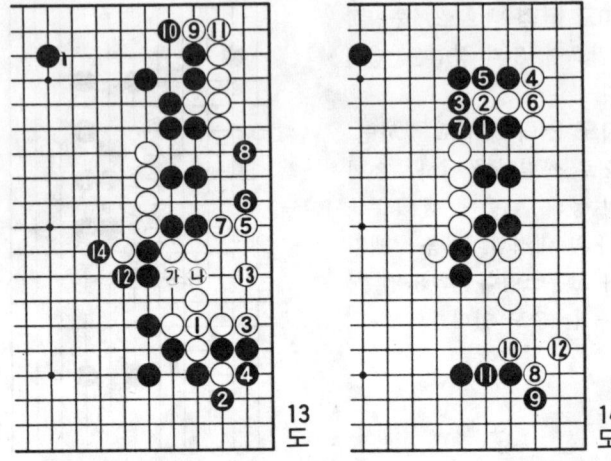

13 도

14 도

13도 혹 좋다 백 1 로 이어 7 에서 8 의 뜀까지. 이어서 12 로 밀때 13으로 살면 혹14로 젖혀 중앙을 습격한다.

14도 나감 11도의 변화로 혹 1 로 끌면 백 2 다음 혹 5 에서 7 까지 잇는다. 다음 8 로 붙여 12까지 된 뒤—

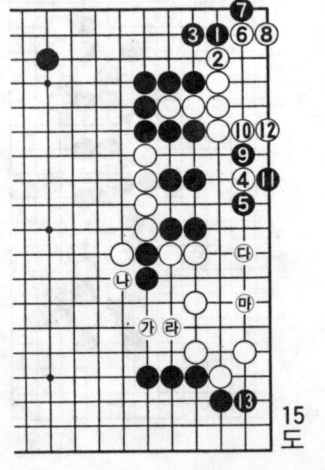

15 도

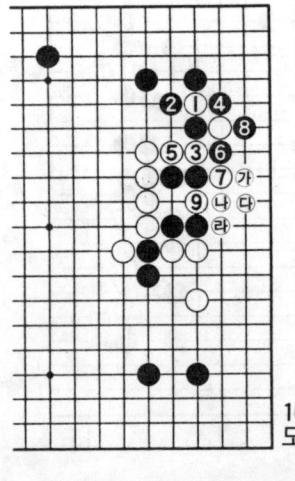

16 도

15도 흑 우세 흑 1 이하 7 까지 둔 다음 13으로 내려선다. 이 다음 백⑦, 흑⑭로 두거나, 백⑦로 ⑭의 곳을 두어 산다.

16도 바꿔치기 백 1 의 젖힘에 흑 2 로 받아 9 까지 변화가 일어난다. 흑⑦, 백⑭, 흑⑭, 백㉥가 불만이다.

17도 끼움 다음 흑 1, 백 2, 이하 6 까지 될 때 7 의 끼우는 강수가 성립한다.

18도 흑 성공 백 1 에는 흑2,4 가 멋진 맥. 다음 백⑦, 흑⑭, 백㉰, 흑㉥ 또는 ⑪로 대성공.

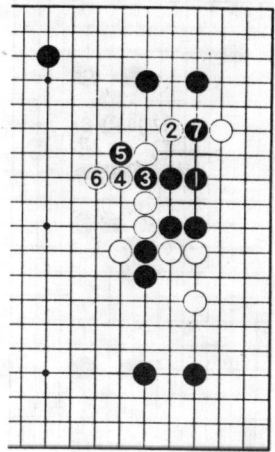

17도

19도 흑 성공 흑 1 의 끼움. 백 2 는 흑 3 으로 연결한다. 다음에 ⑦ 하면 ⑭로 봉쇄한다.

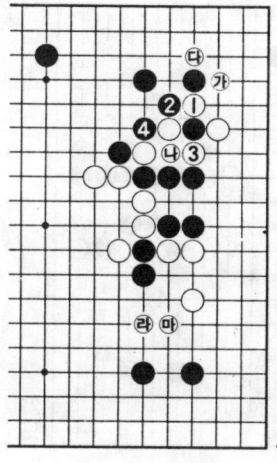

18도

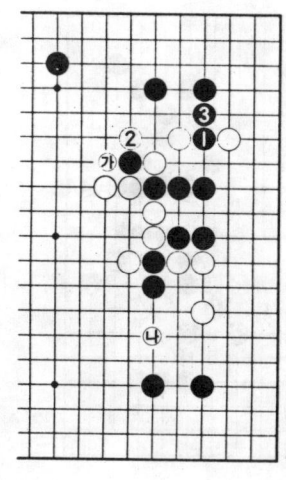

19도

102

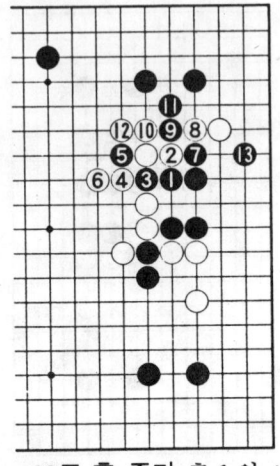

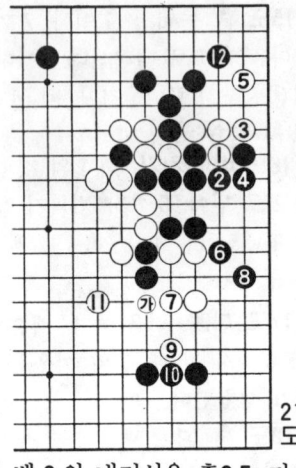

20도 **흑 좋다** 흑 1 의 쌍립에 백 2 의 내려섬은 흑3,5 다음 11까지 끊는다. 13의 뜀 다음에—.

21도 **흑 성공** 백 1 에서 5 까지의 뜀은 흑6,8로 안전하게 둔다. 그런다음 2 점을 움직일 여지를 둔다. 9 로 12의 곳은 ㉮로 두어 봉쇄한다.

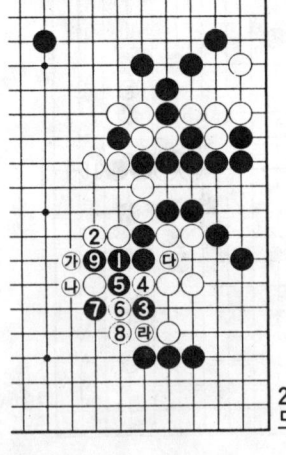

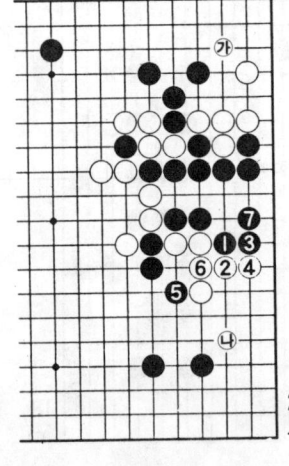

22도 여지
(餘地) 전도에서 흑은 1,3이하 9로 움직여 나가는 여지가 있다. 다음 백㉮, 흑㉯, 백㉲의 이음이 불가피할 때 백㉴는 의문이다.

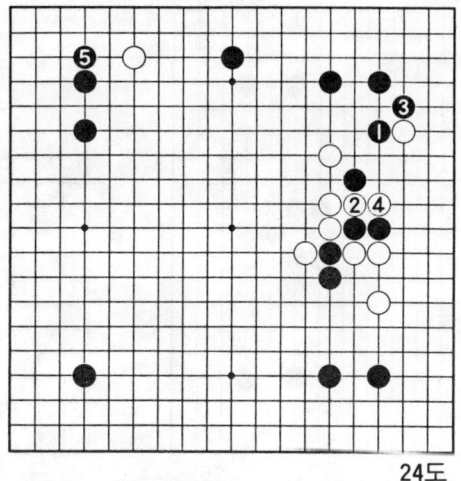

24도

23도 흑 쾌승 21도의 변화로 흑 1의 젖힘은 백 2,4 까지 흑 5,7로 확실하게 산다. 다음에 ㉮와 ㉯가 맞보기여서 백이 죽는다.

24도 사석작전 흑 1의 붙이는 수도 성립한다. 흑 1의 붙임에 백 2에서 흑 3, 백 4로 나가면 흑 5가 절호점이다.

2보 호구 젖힘 여기서 흑 10의 호구는 속된 감이 있다.

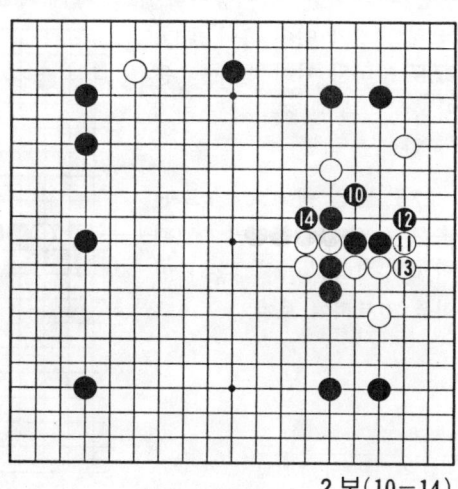

2 보(10−14)

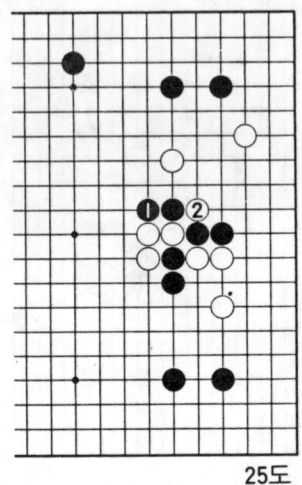

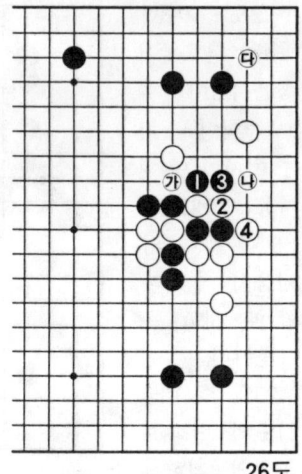

25도   26도

25도 끊음 흑 1 로 누르면 백 2 의 끊음이 있다. 이다음—.

26도 흑 크게 나쁘다 흑1,3으로 타개하려고 하면 백 4 로 때린 다음 흑㉮의 이음이나 백㉯의 내려섬인데 백은 ㉯와 ㉰의 3·3이 있어 흑이 좋다.

27도 이하의 여러 변화를 음미하여 전투에 자신감을 가져야 한다.

27도 붙임 백 1 로 누르면 흑 2 의 날일자 붙임이 일관된 한수이다. 이하 다음의 변화를 검토하여 보자.

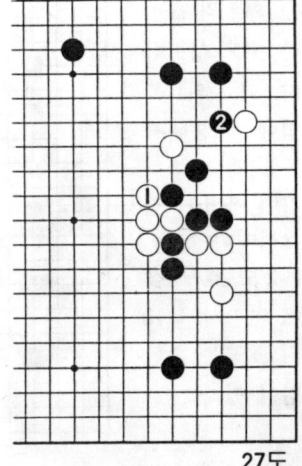

27도

28도 절단 흑 1 의 붙임에 대하여 백 2 에 젖힘은 흑 3 의 강수가 있어 4 에 5,7 까지 된다.

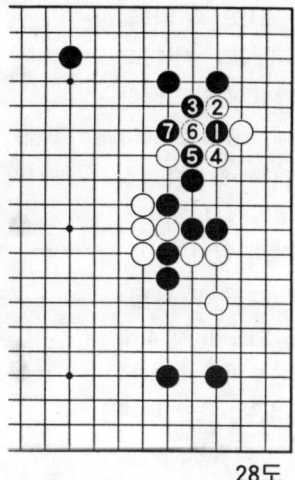

28도

29도 흑 성공 백 1 로 이으면 흑 2 로 한점을 몬다. 3,5 다음 흑 6 까지 또는 ㉮로 봉쇄한다. 백의 고전.

30도 패 흑 1 에 백 2 는 3 으로 때려 패가 난다.

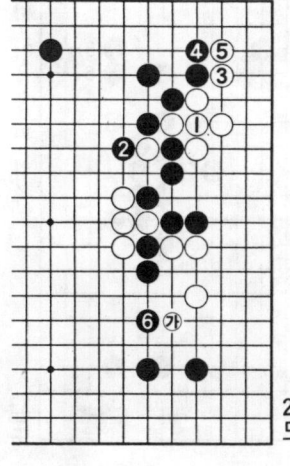

29 도

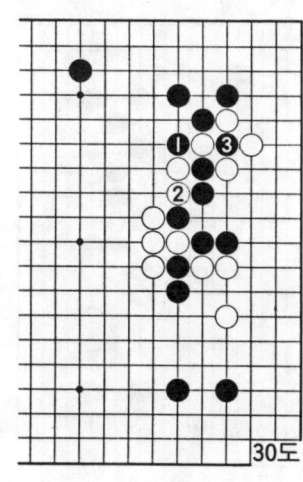

30도

31도 흑 바쁘지않다 백4로 밀면 흑5로 때린다. 6으로 때려내도 흑7이절호점이어서 흑이나쁘지 않다.

32도 패싸움 31도의 백4에 본도의 2로 잇는것은 3으로 때려 패싸움.

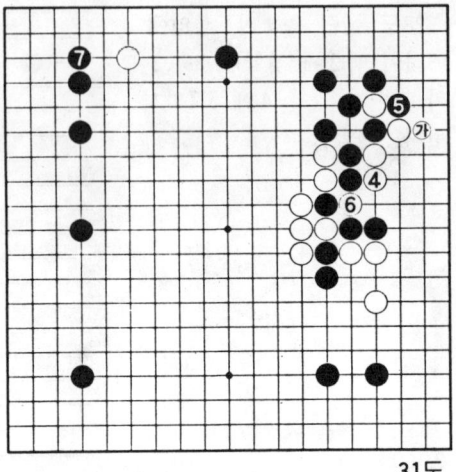

31도

33도 흑 승세 흑1로 패쓰고 3으로 때리면 4가 불가피하여 5로 잇는다. 흑이 승세의 국면. 28도에서 33도가 흑의 작전.

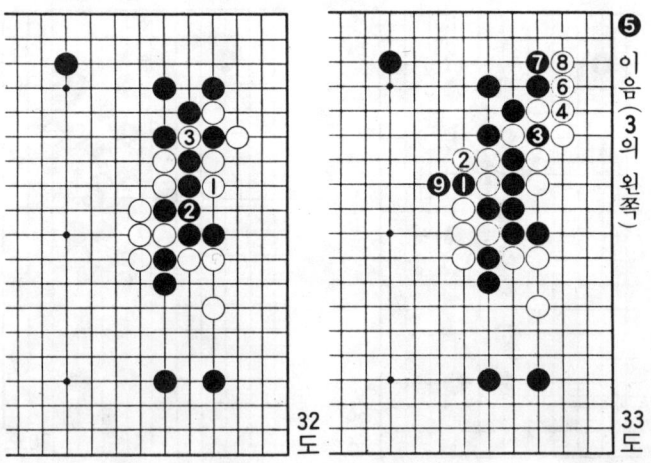

32도

33도

이음(3의 왼쪽)

34도 흑 좋다 백1에 대해 흑2로 끌어 백3에서 흑4, 백7로 밀때 흑8, 백9, 흑 10까지 외길. 나의 고전.

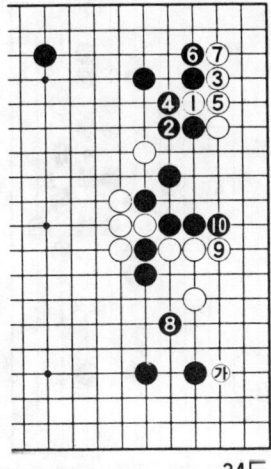

34도

35도 연락 흑1로 내려서면 백2,4로 연결한다.

36도 나쁘지 않다 흑1의 끊음 다음 3,5가 알기 쉽다. 백 6 다음에 흑㉮, 백㉯, 흑㉰의 끝내기가 남는다.

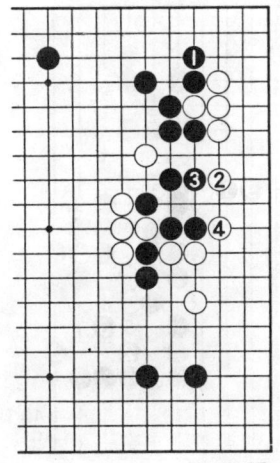

35도

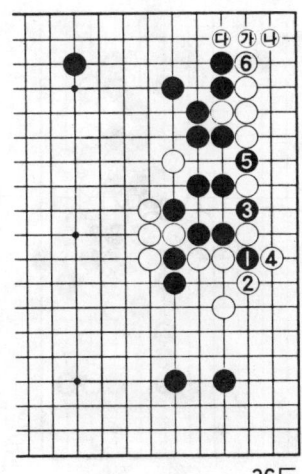

36도

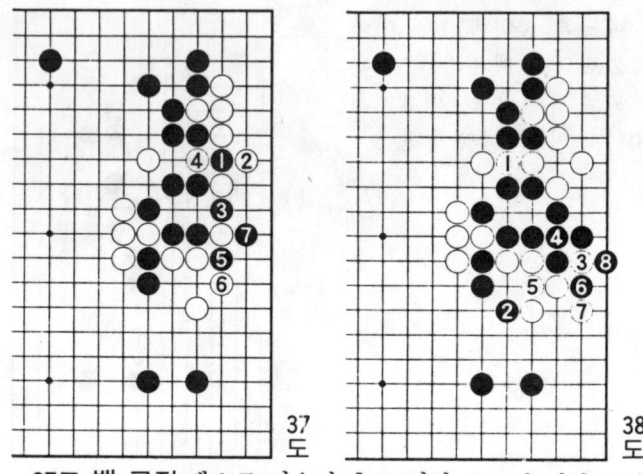

37도 **백 고전** 백 1로 이으면 흑 2 이하 8까지 백의 고전.
38도 **백고전** 흑6, 8로 한 점을 끊어 잡는다.

39도 **백사** 다음 백 1로 나가도 흑 8까지 백이 안된다.
40도 **흑승** 백 1의 내려섬에 10까지의 공격으로 흑승.

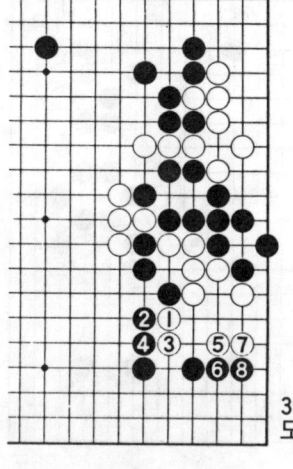

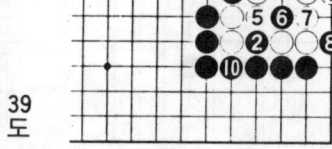

41도 흑승 백1로 붙이는 수는 어떨까. 이것은 백3으로 끊어도 무리다. 흑4이하 8로 두어 흑승.

42도 간명 백1의 붙임에 흑2의 안쪽 젖힘은 백2가 맥이다. 이하 9까지 간명책. 흑3으로 ㉮는 백㉯의 젖힘이 있다.

43도 흑승 흑1로 이을때 백2는 욕심. 백은 주력 부대가 전멸을 한다.

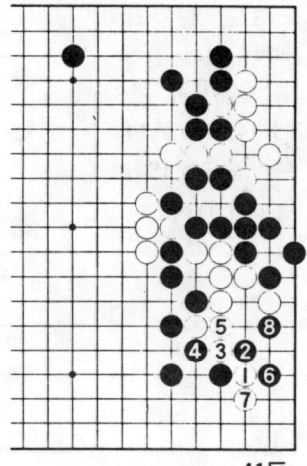

41도

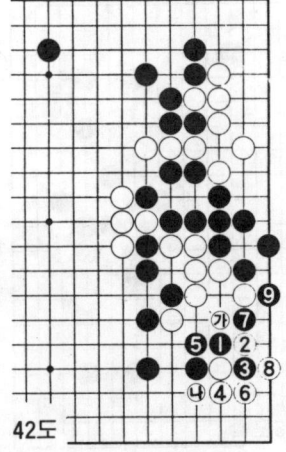

42도

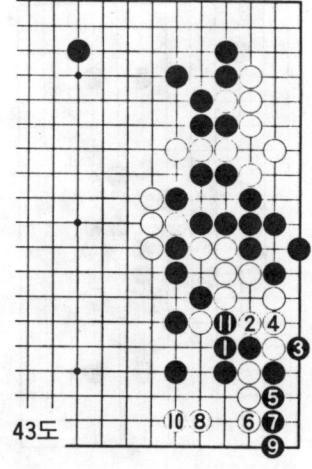

43도

**3보 붙임의
맥** 국면의 진행
을 살펴보자. 흑
이 14로 누르며
나가면 백15의
붙임의 맥이 있
다.

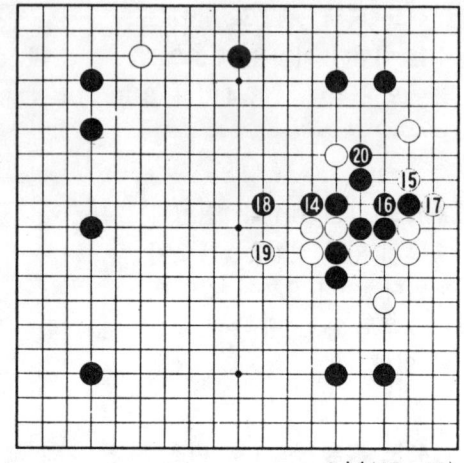

3 보(15-20)

44도 흑을 잡음 다음에 흑 1 로 내려서면 2,4로 되어 꼬리
가 끊긴다. 흑16과 백17의 교환은 아깝다.

45도 급습 흑 1 의 급습의 맥이 있다. 다음 페이지의 변화
를 참고하여 보자.

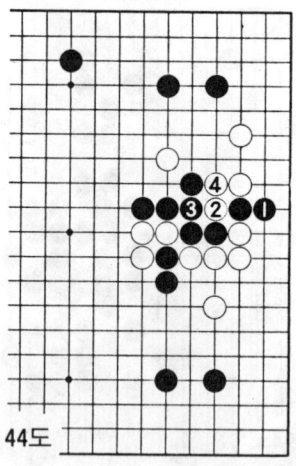

44도

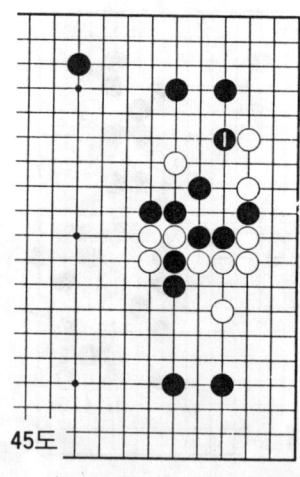

45도

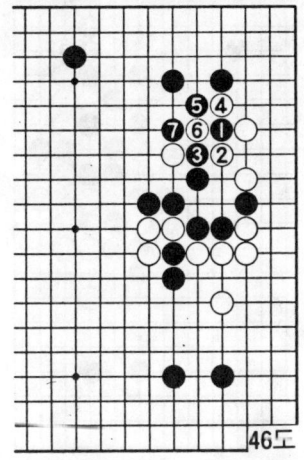

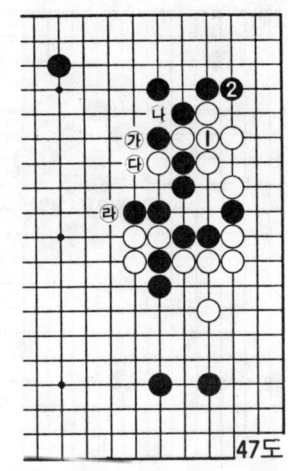

46도 끊음 변을 결정하기 전에 흑1의 붙임이 예리하다. 이하 **4**로 저항을 하면 **5,7**로 모양을 정비.

47도 강경 백1로 패를 이으면 흑2로 귀쪽을 내려서는 것이 강수. 백㉮, 흑㉯, 백㉰로 움직이면 흑㉱로 둔다.

48도 흑 좋다 전도 백1의 이음으로 본도 1로 두는 것은 흑2, 백3, 흑4, 백5 다음 6으로 빠진다. 이다음 귀는 흑㉮, 백㉯의 끝내기가 남는다.

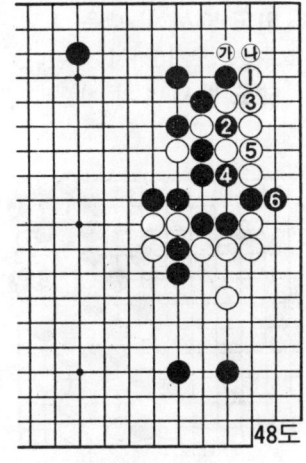

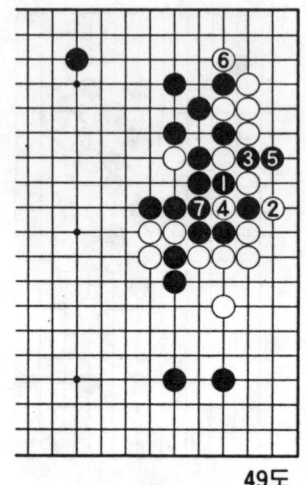

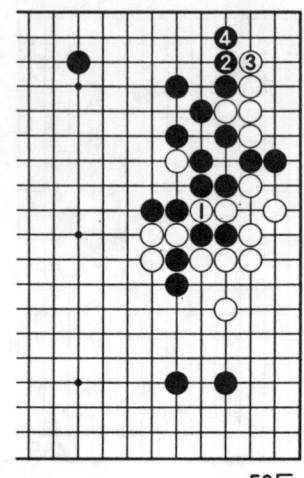

49도   50도

49도 전투 흑 1 에는 백 2 로 응수. 그러면 3,5로 돌파하여 나간다. 6 의 단수에 7 로 이어 싸운다.

50도 귀 전도 백 6 으로, 1 로 2 점을 취하면 2,4로 귀쪽을 둔다.

51도 백사 이 백은 1 로 내려서 삶을 구하려 해도 6,8의 호수순으로 10까지 죽는다.

52도 백사 1 의 치중에 대하여 백 2 의 응수는 3,5로 죽는다.

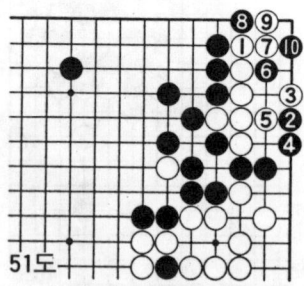

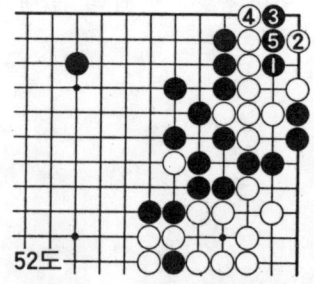

51도   52도

4 보 귀의 손해 흑20으로 두어 한점을 끊는다.

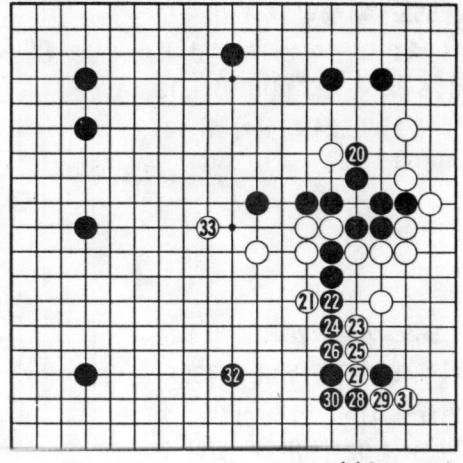

4 보 (20—33)

53도 백 호형 그냥 방치를 하여 두면 백 1 로 2 를 강요하고 3 으로 내려선다. 백21의 씌움에 중앙의 흑이 움직이면 23으로 둔다.

계속하여 흑이 24로 나가는 것은 너무 정직하다.

54도 단수 이것은 흑 1 로 나가면 백 2, 흑 3 의 단수 다음 5 의 이음이 있다. 이 형은 백 ㉮, 흑 ㉯의 돌파 수단이 남는다.

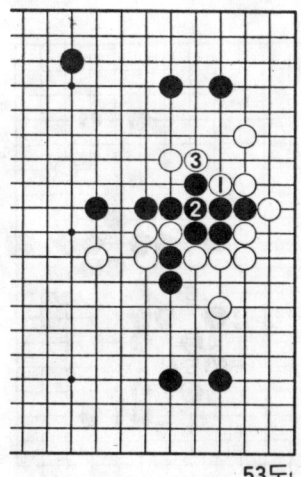

53도

55도 흑 좋다 흑 1 의 단수
에 백 2 로 붙이는 수가 있다.
3 , 5 로 한점을 따면 이하 13
까지 된다. 24로 받아 귀까지
취한다.

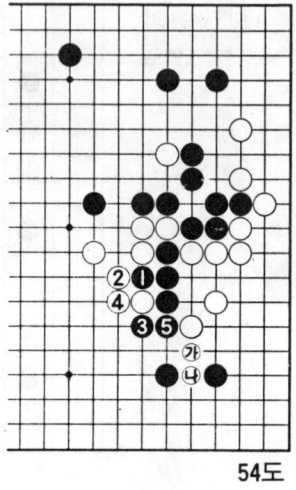

56도 균열 26으로 백 1 은
이하 5 까지가 된다. 흑30의
이음에 31로 귀를 지키는 것
과 함께 32의 전개가 있다. 우
변의 공방은 어떻게 될까 ?

54도

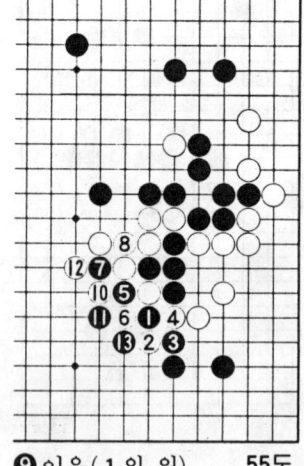

❾ 이음(1 의 위)   55도

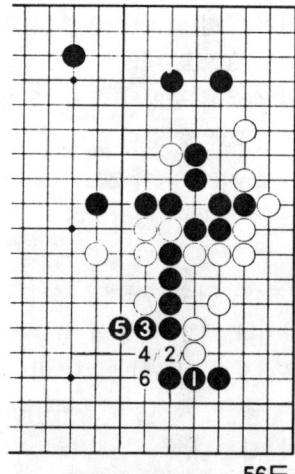

56도

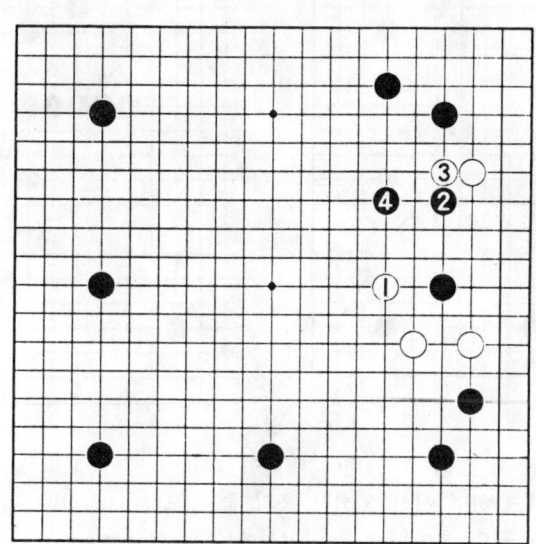

제8형 (1 − 4)
어깨짚기

제8형 **어깨짚기** 흑의 6점 대국에서 나타난 모양. 백의 씌움에 흑2의 어깨짚기. 실전에 자주 나타나는 모양이다.

1도 뜀 어깨를 짚는 수에 대하여 흑1은, 백2일 때 흑3으로 도망하여 타개하는 모양.

2도 상식 1의 뻗음이 보통인데 **3,5,7**로 알기쉬운 모양. 백㉮에는 흑㉯로 응수한다

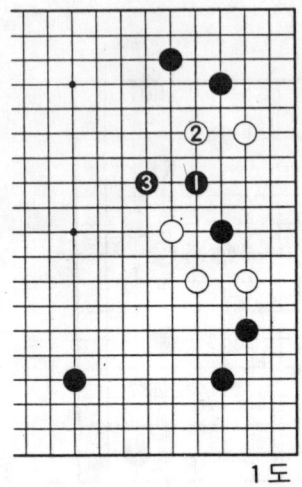

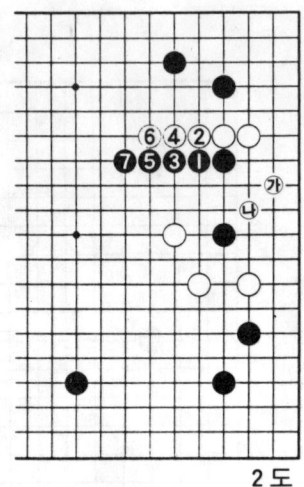

1 도   2 도

3 도 흑 호형 흑의 뜀에 대하여 다음에 백이 **1** 로 붙여 수습하려고 하면 이하 **8** 까지 흑의 좋은 모양이 생긴다.

4 도 끌다 흑**2**, 백**3** 의 내려섬엔 흑 **4** 로 끌어 타개.

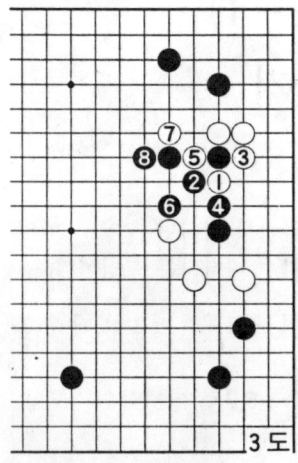

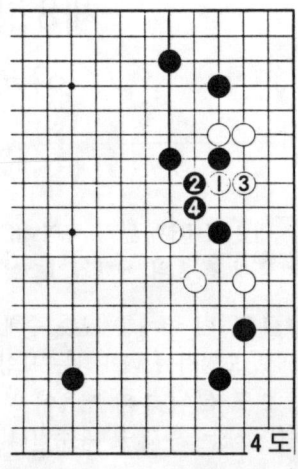

3 도   4 도

1 보 누름과
귀 흑 4 의 뜀에
백 5 의 붙임으로
이하 17까지 생
긴 모양이다. 수
순에 주의 하기
바란다.

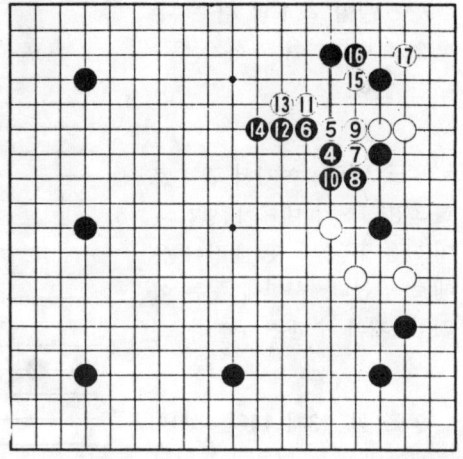

1 보(4 −17)

5 도 위쪽 이음 이 수로 1 로서 위쪽을 이으면 다음의 선
택이 어렵다.

백 2 로 끊으면—.

6 도 혼전 흑1,3으로 나간 다음에 **5** 로 두어서 타개한다.
그러면 중앙의 흑 3 점이 문제. 6점의 바둑에서 나타난 모
양.

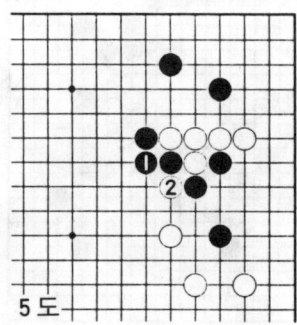

5 도

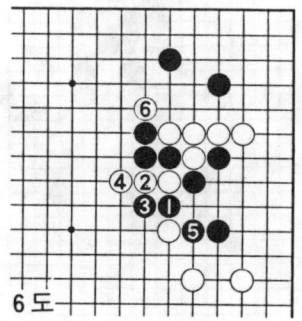

6 도

7 도 반발 흑 1 의 단수에는
백 2 로 반발하여 4 까지 두는
수가 있다.

8 도 대패 여기서 흑 1 로
끊으면 천지 대패가 생긴다.
이 다음에 ㉮의 곳 때림이 문
제로 남는다. 서반에 두는 이
러한 패의 수단은 무리다.

9 도 귀 13과 14의 교환이
문제인데 그 점을 보류하고
백 1 로 둔 다음 3 으로 귀쪽
을 두는 수가 있다.

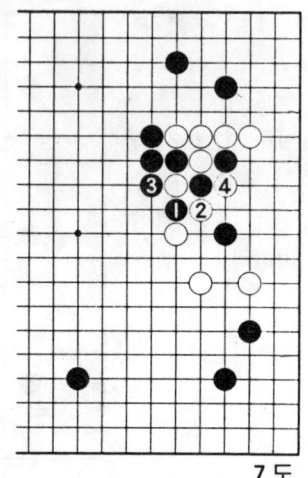

7 도

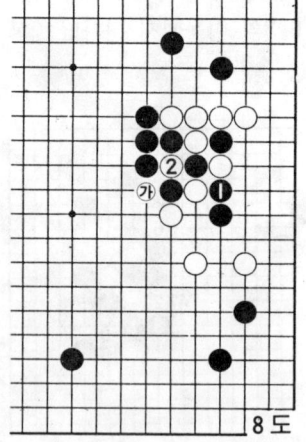

8 도

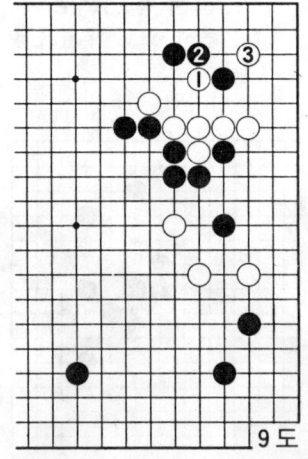

9 도

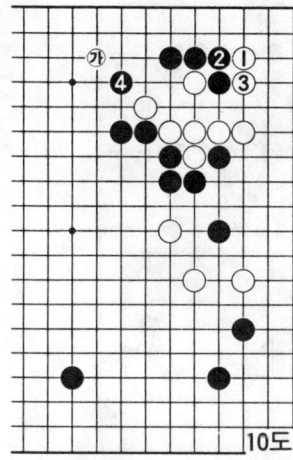

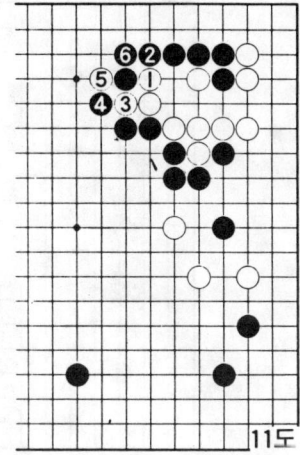

10도 장문 백 1, 흑 2, 백 3 에는 흑 4 의 장문이 성립한다.
4 로 ㉮ 의 곳을 두는 수도 있다.

11도 나가 끊음 백은 당연히 1,3으로 끊는다. 그런 다음
흑 6 까지 되는데—.

12도 바꿔치기
백이 1,3으로 끊
고 나가면 흑 6 의
끊음이 있다. 백
7 에는 흑 8 이 호
점으로 6점의 바
둑에서 자주 나타
나는 모양.

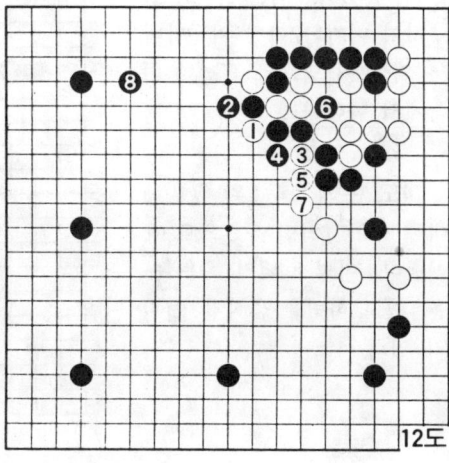

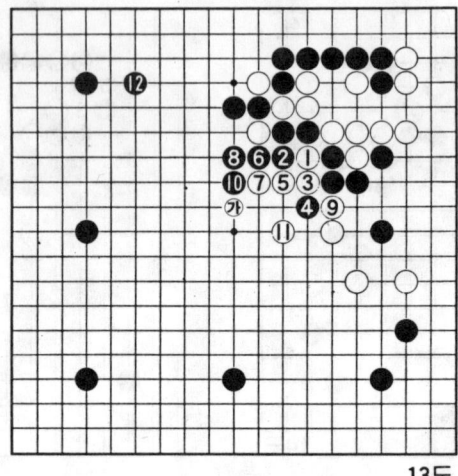

13도

13도 변화 전도의 변화로 흑 1,3의 끊음에 흑 4의 젖힘의 수가 있다. 백은 5,7로 단수하여 나가 12까지 외길이다. ㉮의 곳이 남는데 6점의 바둑에서 나타나는 모양.

14도 손뺌 흑 1의 끊음에 대해 백 2. 그러면 흑 3으로 때려낸다. 이렇게 되면 흑은 손을 빼고 하변을 움직일 여지가 있다.

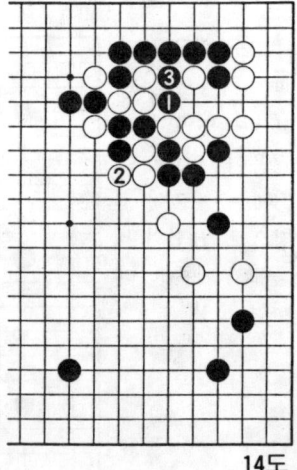

14도

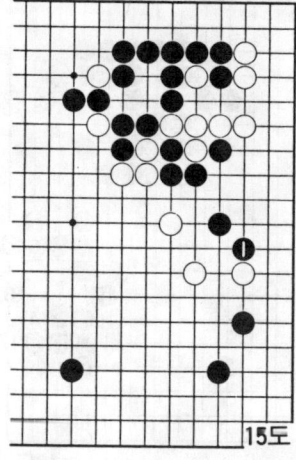

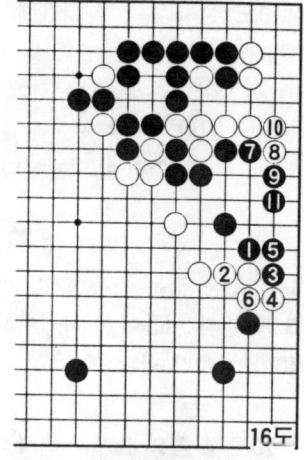

15도 마늘모 붙임 공격을 하는 방법에 있어 상당히 연구가 필요하다. 여기에선 흑 1 의 마늘모에서부터 시작하는데—.

16도 삶 흑 1 에 백 2 는 흑3,5로 젖혀 이은 다음 11까지 정확한 삶의 수순. 대성공이다.

17도 건너붙임 흑 1 의 마늘모에 백 2 로 내려서는 것은 강수이다. 흑3,5로 끼어 이은 다음 흑 7 의 붙이는 수가 성립한다.

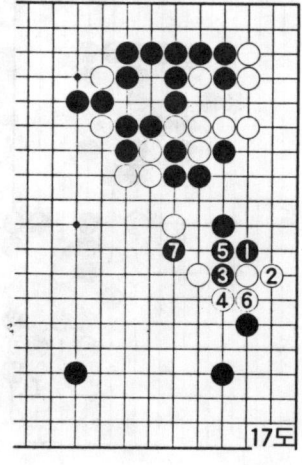

18도 **취하다** 1의 끊음에는
백2로 뻗고 흑3, 5로 둔다.
백8, 흑9 다음 백10, 12의
붙임이 있다. 백⑦, 흑㉯
백㉡,흑㉣로 귀를 파괴한다.

19도 **변화** 전도의 10으로
1의 곳을 끊는 것은 흑2, 백
3,흑4의 이음이 있다. 이하
10까지 패가 난다.

20도 **젖힘의 붙임** 흑1의
붙임에 백2, 흑3의 젖힘이
있다. 이다음이 문제인데--.

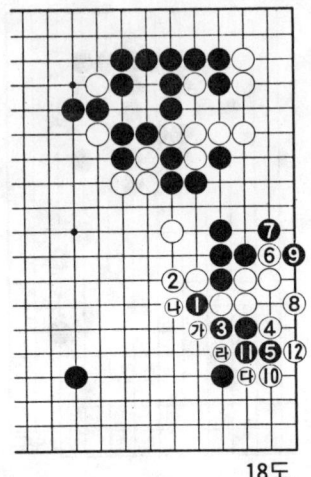

18도

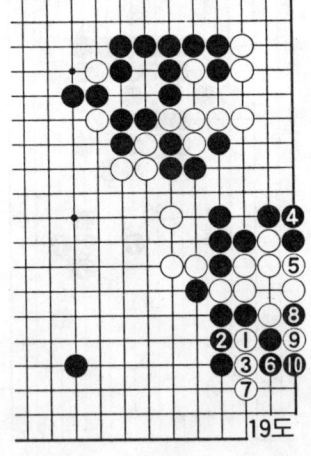

19도

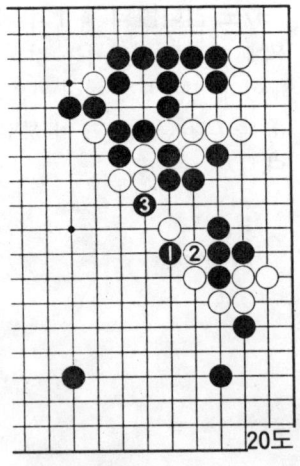

20도

21도 누름 흑1의 젖힘에 대하여 백2로 끊고, 흑3,5의 누름이 강수. 백6,8에 흑9로 끊은 다음 10으로 나간다. 이 다음에—.

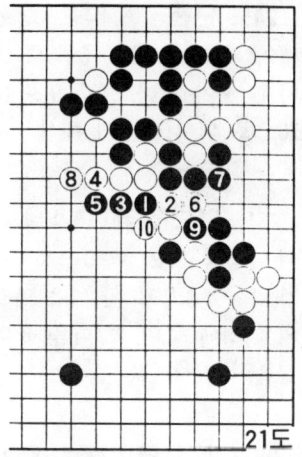

22도 흑성공 흑1로 끊으면 백2, 흑3으로 나간다. 백6으로 계속 나가면 흑7로 몰아 축. 흑의 성공.

23도 맥 흑1의 젖힘에 대하여 백2로 끊으면 흑3으로 누른 다음 4를 기다려 흑5의 맥이 있다.

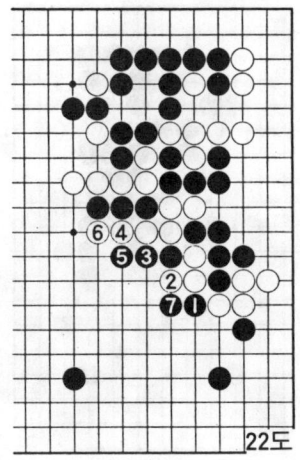

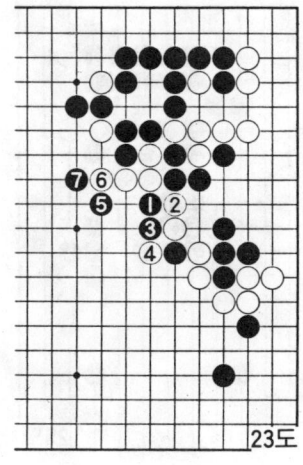

124

24도 난전 흑1의 누름에
백2,4의 단수 다음 6으로 나
가는 수가 있다. 흑7, 9 다음
10으로 되어 난전이 예상.

25도 면도(面到) 흑1의 젖
혀 나감에 백2, 흑3으로 나
간다. 4,6으로 된 다음 흑7
의 나감에 주의. 그다음 8의
끊음이 있다.

26도 백 괴멸 흑1, 백2,
흑3의 이음이 정해. 흑4에
는 백5로 나간다. 12도의
7의 뻗음으로 취함이 정착.

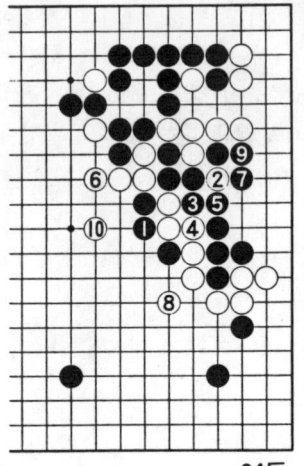

24도

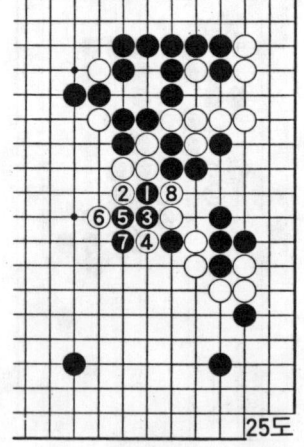

25도

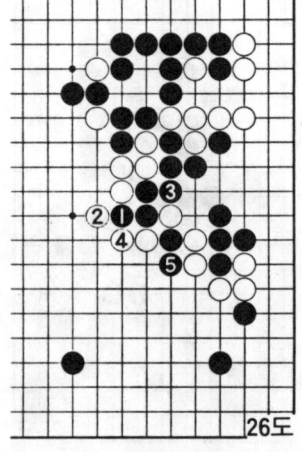

26도

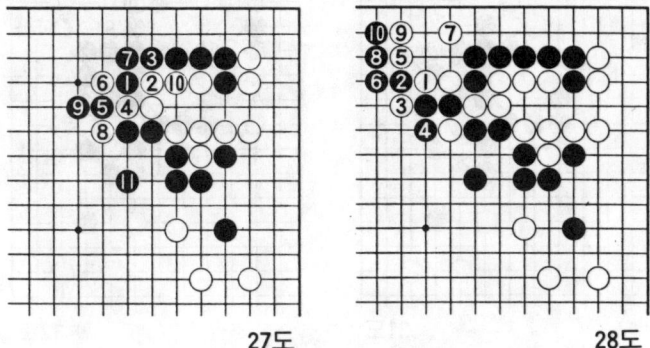

27도   28도

27도 **흑 좋다** 처음으로 돌아가서 흑 1 의 장문에 백 2 이하 8 까지의 끊음이 있다. 10 으로 3 점을 방비할 때 11 이 정형 (正形)이다.

28도 **수 없음** 이다음 1 로 상변을 움직이면 흑 2 이하 10 까지 되어 흑의 낙승.

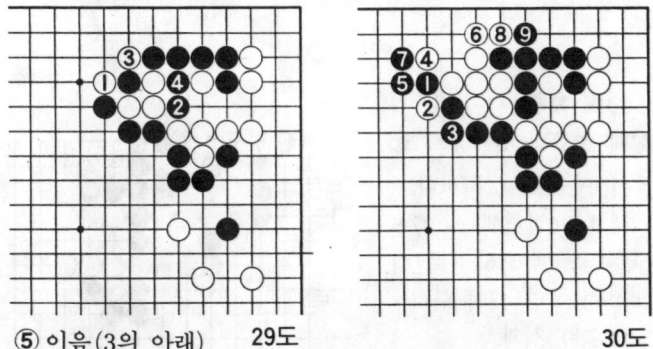

⑤ 이음(3의 아래)   29도   30도

29도 **회돌이** 백 1 의 끊음에 대해서는 흑2,4로 끊는 수가 성립을 한다. 백 5 로 이으면 —.

30도 **내려섬** 흑 1 의 2단젖힘이 강수. 6 의 내려섬이 급소. 6대신 7 로 두는 것은 6의곳을 단수하여 공격받게 된다.

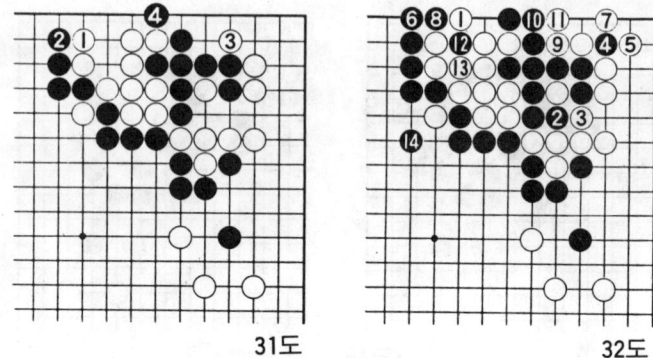

31도   32도

31도 공격 다음에 백1로 내려서면 흑2로 강하게 내려선
다. 백3의 젖힘에 흑4의 젖힘으로 백의 태도를 묻는다.

32도 빅 흑의 젖힘에 백1로 두어 쌍방 피를 흘리지 않은
형태. 흑6 이하 14까지 알기쉽다. 흑의 선수 빅. 바깥이
두터워 흑의 만족.

33도 흑승 흑1의 젖
힘에 대하여 백2에는 흑
3의 이음이 강력하다.

백4의 젖힘에는 흑5
가 급소. 백이 6,8로 타
개하려 하면 패가 난다.

흑승의 결과.

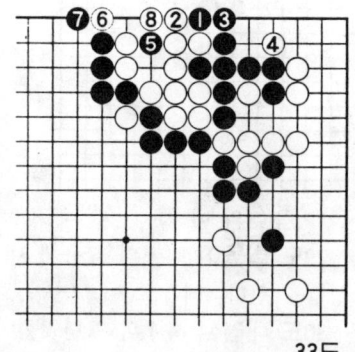

33도

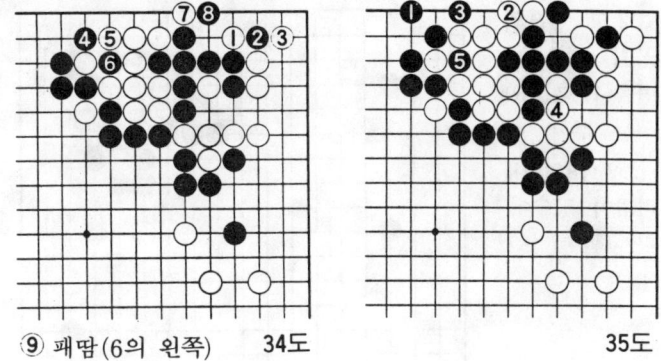

⑨ 패땜(6의 왼쪽)   34도   35도

34도 변화 31도의 백 1 로 내려섬에 대하여 1 로 젖히는 변
화는 흑 2 의 끊음에서 4 의 젖힘이 있나. 백 5, 흑 6, 백 7,
흑 8, 백은 9 로 패를 따낸다.

35도 흑승 흑 1 에는 백 2, 흑 3 의 젖힘의 수가 있다. 백 4
에 5 로 패를 딴다. 부분적으로는 흑이 패를 이기는 형이다.

36도 패를 이김 34도 백 5
에는 1 의 이음이 있다. 흑 2
의 내려섬에 패를 이긴다. 흑
㉮로 패를 때리면 다음 패의
부담이 생긴다.   여기까지의
변화를 다시 한 번 생각해 볼
필요가 있다.

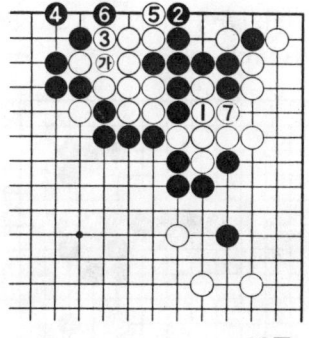

36도

2 보 귀의
공방 백은 상
변을 17로 귀에
두는 수가 있
다. 흑18의 내
려섬이 강수이
다.

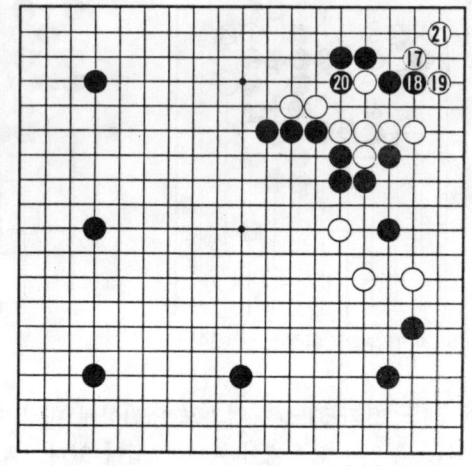

2 보(17 - 21)

19의 젖힘에는 20으로 한점을 취하는 것이 좋은 수. 다음
21까지가 외길이다. 변화의 여지가 많다.

37도 전망 흑18로는 백 1 의 이음이 있다. 흑 3 의 벌림에
백 4 , 흑 5 인데, 10도 이하의 전망이 좋지않다.

38도 젖혀이음 백19의 젖힘 대신 백 1 의 끊음은 흑2, 4의
젖혀이음이 있다. 백 5 로 강하게 내려서는 변화를 생각해 볼
수 있다.

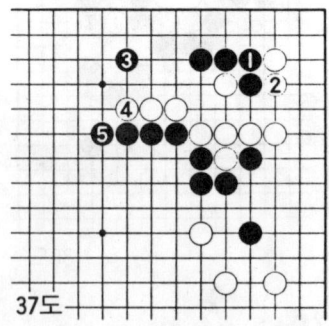

37도

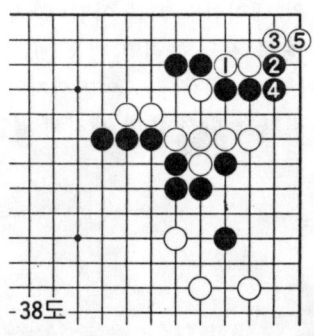

-38도-

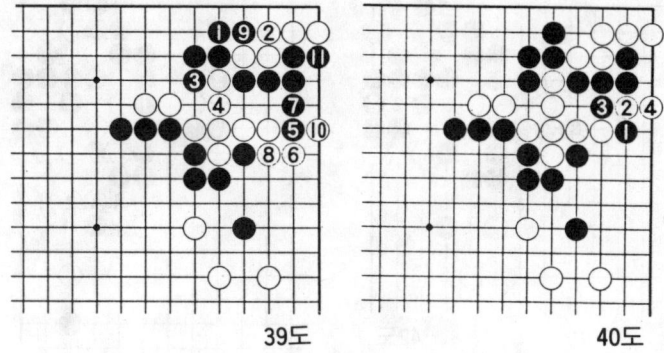

39도   40도

39도 흑승 흑 1 의 내려섬에 백 2, 흑 3 에 4 를 교환하고
5 로 붙인다. 6 에는 7, 백 8 의 이음 흑9,11 로 흑승.

40도 내려섬 여기에서 흑 1 의 붙임에는 백 2 의 젖힘이 있
다. 흑 3 에는 4 의 내려섬이 있다.

41도 공격 흑 1 로 백 2점
을 취하려고 하면 백2,4의
단수가 있다. 흑 5 에는 백 6
으로 때려낸다.

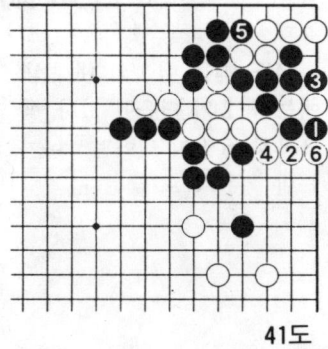

41도

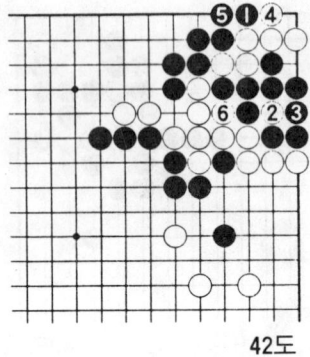

42도

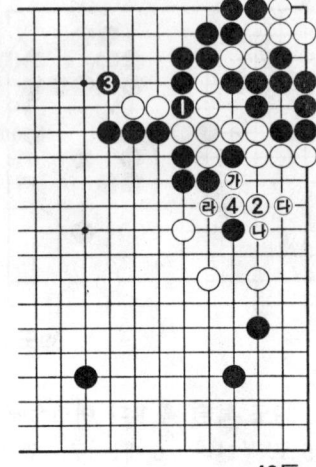

43도

42도 빅 흑 1 의 젖힘에는
백 2, 흑 3 의 교환에서 백4,6
이 있다. 이것은 부분적으로
빅. 쌍방 좋은 수순.

43도 바꿔치기 전도의 귀는 빅이 나는 형태이다. 다음에
흑 1 의 끊음이 절호점. 흑 3 에는 백 4 로 나가 우변을 취한
다. 흑 3 으로 4 의 곳의 이음은 그다음에 백 ㉮ 로 따내고
흑 ㉯, 백 ㉰ 로 될 곳. 백은 상변 2점을 움직인다. 흑의 좋은
결과.

44도 뻗음 백 1 의 내려섬
에는 흑 2 의 뻗음이 있다. 백
3 으로 5 점이 떨어져 나가
는데 흑은 4 로 끊는다.

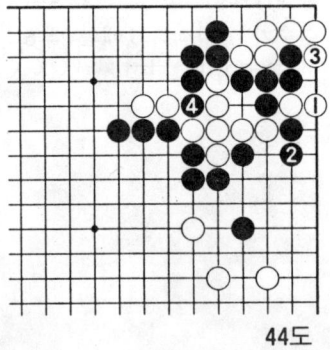

44도

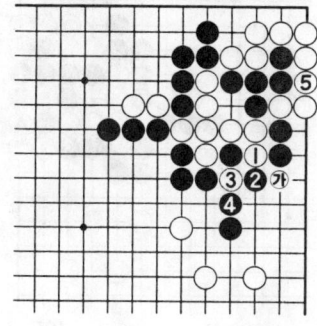

45도

45도 패싸움 이다음 백 1로 나가서 3으로 따낸다. 흑 4의 단수로 타개하려하여 천지대패. 백 5로 가만히 단수한다.

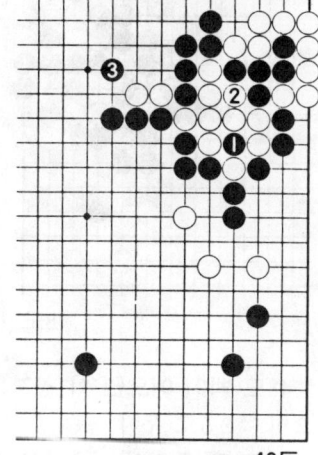

46도

46도 흑 성공 그래서 패를 취하면 이하 3까지 되는데 **43도**의 교환이 엿보이는 곳이다. 백 3점을 공격하는 것이 효과적이다. 이후의 사석작전 등 여러 가지의 변화가 엿보이는 곳인데 바깥이 매우 두텁다.

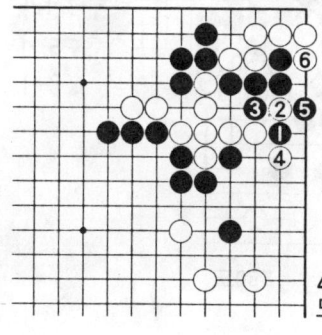

47도

47도 수상전 흑 1의 붙임에 백 2의 젖힘, 흑 3, 백 4에 흑 5로 한점을 취한다. 이때 6으로 귀쪽을 밀고 들어오는수가 있는데 —

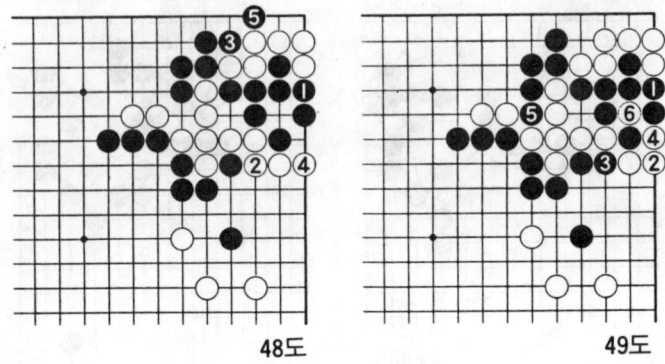

48도   49도

48도 백이 이으면 이 공격은 흑1로이을 때 백도 2로 이
으면 흑3,5로 두어 흑승.

49도 패 흑1의 이음에 백2의 내려섬은 3의   끊음에서
6까지 패싸움이 벌어진다.

50도 흑 만족 흑은 다음에 팻감으로 1,3의 곳을 둔다.

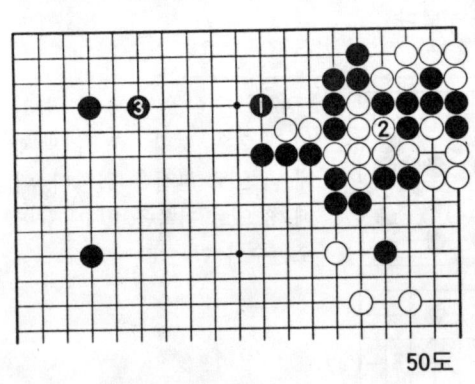

이것이 싫으면
38도의 모양으
로 되돌아간다.
전도   흑5가
쟁점의 끊음이
다.

50도

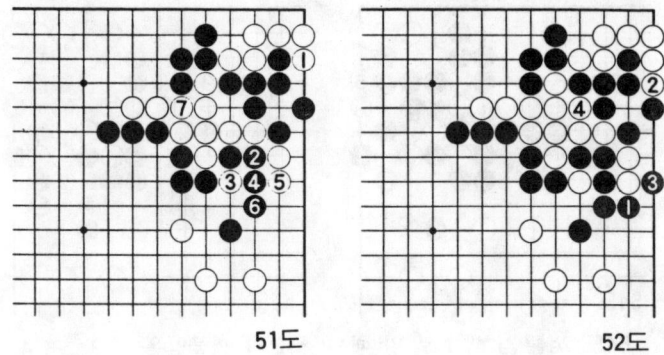

51도   52도

51도 끊음 백 1 로 밀 때 흑 2 의 끊음은 어떨까? 이후 7 까지 외길 수순이다.

52도 백 좋다 이다음 백 1 로 2 점을 잡으면 백2,4가 당연하다. 그래서 꼬리의 5 점이 떨어진다.

53도 패 전도 흑 1 의 내려섬으로 1 로 두는 방법이 있는데 백 2 로 집어넣어 패가 난다. 흑 ㉮ 의 단수. 백 2 로 패때림. 흑은 팻감이 부족하여 다른 곳을 둔다.

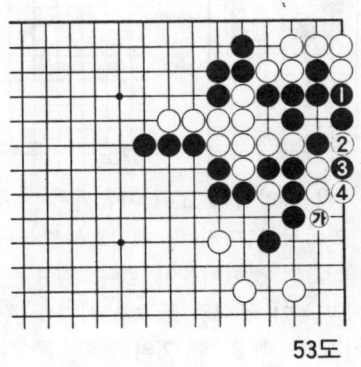

53도

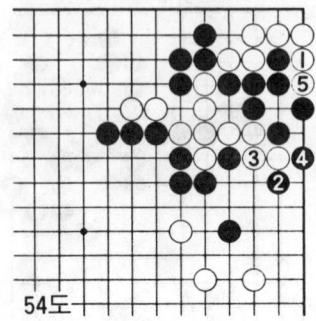

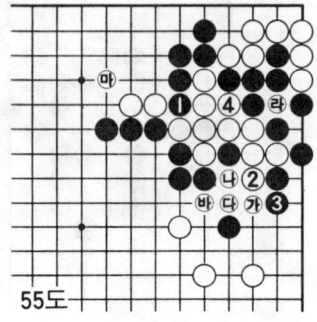

54도 껴붙임 백 1 로 밀 때 흑 2 의 껴붙임은 백 3, 흑 4 다음 백 5 의 수가 있다. 이후 는 저항을 할 수 없다.

55도 문제 다음에 흑 1 은 백 2, 흑 3, 백 4 로 단수하여 5 점을 취한다. 흑㉮, 백㉯, 흑㉰, 백㉱의 때림. 흑㉲, 백 ㉳의 끊는 맛이 있다. ˙전보 18의 붙임에 백19의 젖힘. 흑20 의 전신이 이한수.

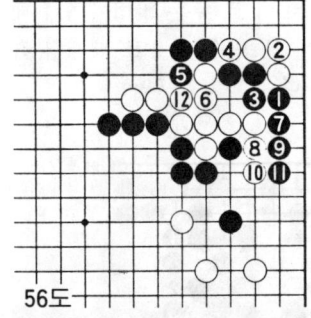

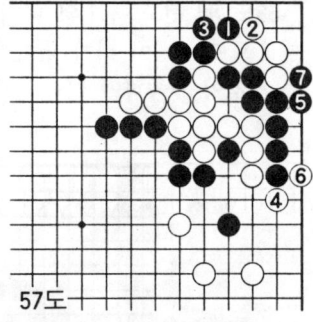

56도 붙임 1 의 붙임에서 3 의 이음까지 백 4 의 끊음에서 흑 5 의 단수. 7 에서 11까지 밀 때 12로 잇는다.

57도 흑승 흑1,3의 젖혀이음이 좋다. 백 4 의 차단에 대하 여는 흑 5 의 내려섬이 공격의 급소로 이다음 흑은 귀의 백과 의 전투에서 이긴다. 백 6, 흑 7 의 교환으로 그만이다.

58도 중앙 전도의 백 4 로 는 1 의곳 흑의 급소에 두어 추격을 하는 백을 생각해 본 다. 단순히 귀를 공격하는 것 은 흑 2 의 치중에서 4 까지. 이하 10까지 흑이 한수 빠르 다. 호선의 바둑에선 실리가 너무 크다. 중앙의 흑은 변에 연락을 하는데 크게 떠있어 백의 공격을 받기 쉽다. 6 점 국으로선 성공적인 국면.

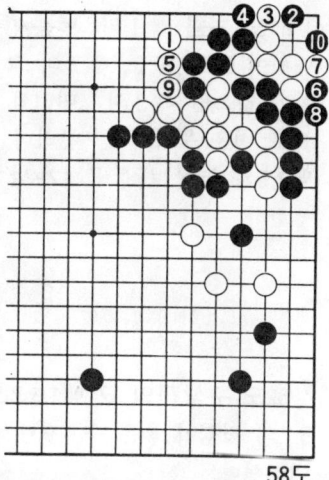

58도

59도 흐름 백 1 의 치중에 대하여 흑 2 의 뜀, 백 3 의 차단 에 흑 4 의 끊음. 6 으로 둘 때 8 의 내려섬으로 귀를 취한다. 백 9 로 젖혀서 전국적인 영향이 문제다.

60도 백승 전도의 변화로 백 1 로 나갈 때 흑 2 로 뻗으면 백 3 의 내려섬에서 9 까지의 수가 있다. 변의 돌이 역으로 되어 백승이다.

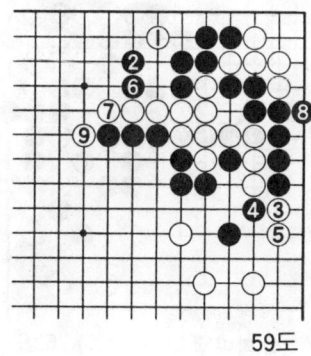

59도

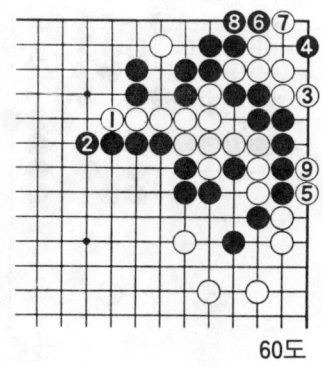

60도

61도 누름 백 1 의 뻗음에 대하여 59도 혹 6, 백 7 의 교환이 없으면 혹 2 의 내려섬으로 변은 무사하지 못하다. 백 3,5로 눌러 변에 문제가 발생한다.

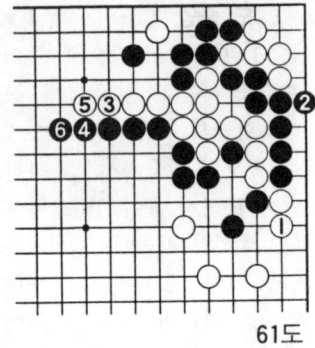

61도

62도 수상전의 묘 백 1,3으로 나가 끊는다. 4 의 내림에 5,7의 젖힘이 좋은 수. 9 에 10의 치중이 불가피할 때 11로 내려선다.

63도 백승 혹 1 에는 백 2 의 젖힘. 혹 3 으로 2 점을 때리면 혹 4 로 되때린다. 이래서 공격은 백이 한수 빠르게 되는데, 그러므로 혹은 61도에서 중앙으로 뻗는 점을 염두에 두어야 한다. 56도 1,3은 힘의 바둑으로 6 점의 대국에서 나타난다.

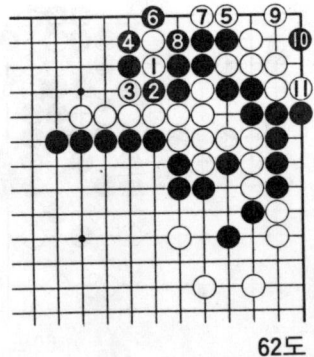

62도

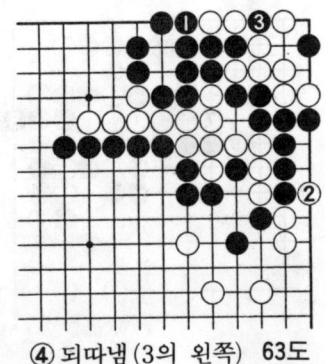

④ 되따냄 (3의 왼쪽) 63도

3보 백의 나감 먼저 나 가면 어떻게 될까. 22의 곳 을 끊어 혹이 호조의 국면이 다. 23으로 상 변에 두는 것 은 24, 26의 붙 여 끄는 것이 있다.

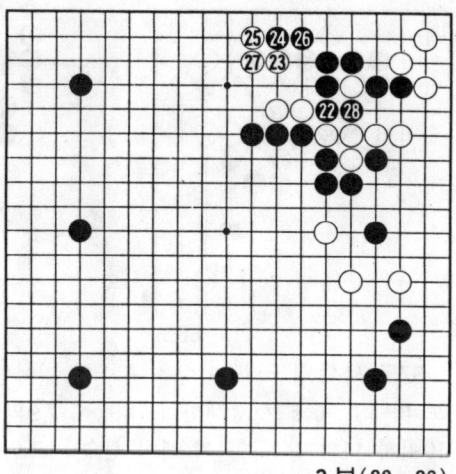

3 보(22-28)

백27에는 28로 때리면 알기 쉽다. 24, 26이 멋진 수단의 수이다.

64도 끊음 혹1로 끊는 백에 대하여 어떻게 타개하여야 할 까?

65도 모양 혹1의 끊음에 백2,4의 단수는 실전에서 여러 가지의 수단이 들어 있다.

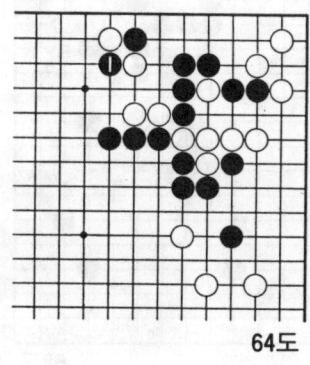

64도

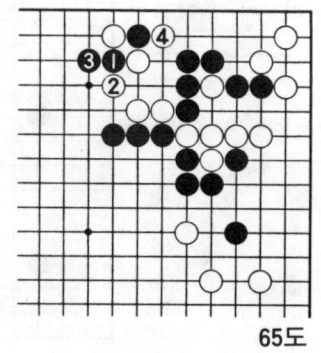

65도

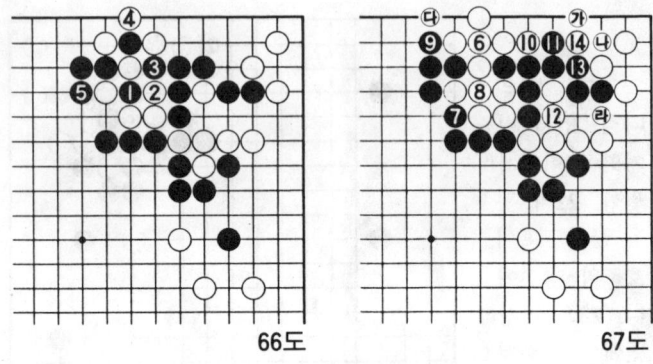

66도   67도

67도 사석의 타개 이다음 혹 1 의 먹여침에서 3 까지. 백 4 로 따내면 혹 5 로 봉쇄한다. 다음에 7,9의 내려섬이 있다. 백 10이하 14까지 공격하여 백이 한수 빠르다. 흑㉠, 백㉡, 흑 ㉢, 백㉣로 될자리.

68도 흑 대세판단 다음 혹 1 에 두어 대세의 우위에 설 수 있다.

상변은 ㉠나 ㉡의 곳이 선수. 흑㉢의 내려섬이 있고 흑㉣도 호점. 백㉤에는 흑 ㉥의 씌움도 좋다.

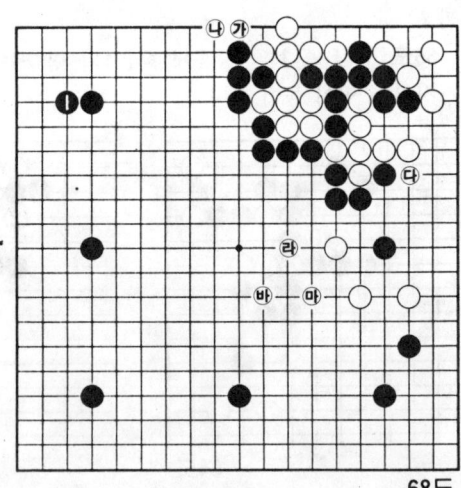

68도

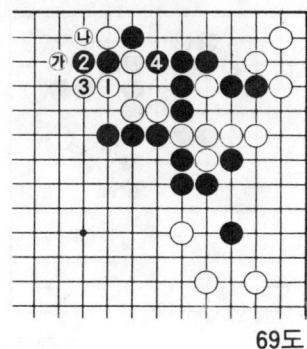

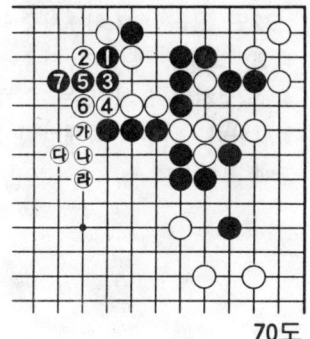

69도　　　　　　　　　　　　70도

69도 흑 좋다 사석의 부분적인 문제로 흑의 끊음에서 생각해 볼 수 있다. 백이 1로 단수하여 3까지 나가면 4의 단수로 모양을 잃는다. 백㉮에는 흑㉯로 응수한다.

70도 흑 좋다 흑 1의 끊음에 대하여 백 2의 단수에서 4,6으로 나가는 맥이 있다. 흑 7 다음 백㉮, 흑㉯, 백㉰, 흑㉱로 백돌은 들뜬다.

68도 호수순을 생각하면 돌은 적극적인 사석작전으로 타개하는 것이 좋다고 생각한다. 놀라기에는 아직 이르다. 흑24, 26으로 끌기 전에 맥이 있었던 것이다.

71도 치중 다음 흑 1의 제 2선 치중이 맥이다. 백 모양의 급소이다.

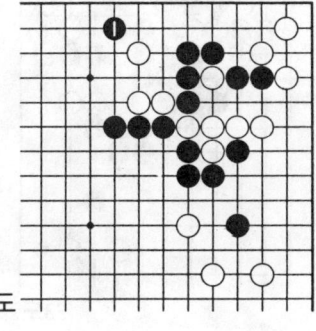

71도

72도 **끊음** 흑 1의 치중에
백 2, 그다음 흑 3의 뻗음에
4로 젖히면 5의 끊는 수가
성립한다. 난전의 타개방법이
눈에 보이는데―.

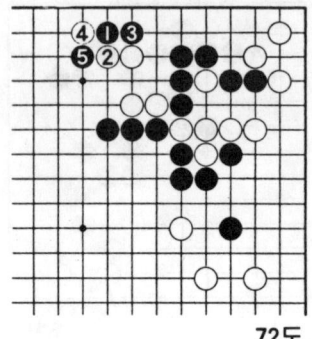

72도

73도 **끼움** 백 2의 단수에 흑 2의 뻗음은 필연. 3으로 두
어 상변 흑 2점을 취하려할 때 2,4로 둔다. 4의 끼움이 예
리한 수다. △의 2점을 공격하여―.

74도 **3점 떨어짐** 백 1에 응하여 흑 2로 3을 강요하고
흑 4면 그만이다. 다음 백 ㉮면 3점을 때려낸다. 그러면 흑
은 나중에 ㉯의 곳을 두는데 흑이 전체적으로 두터워 보인다.

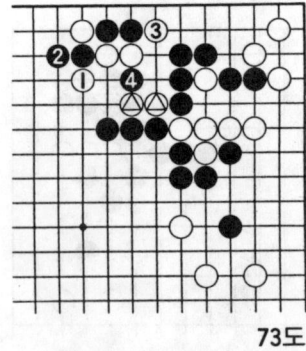

73도

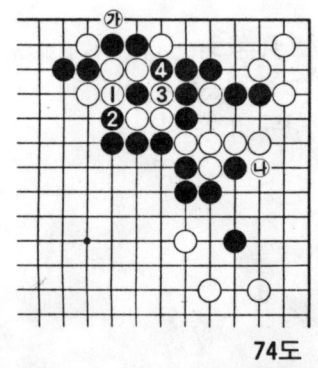

74도

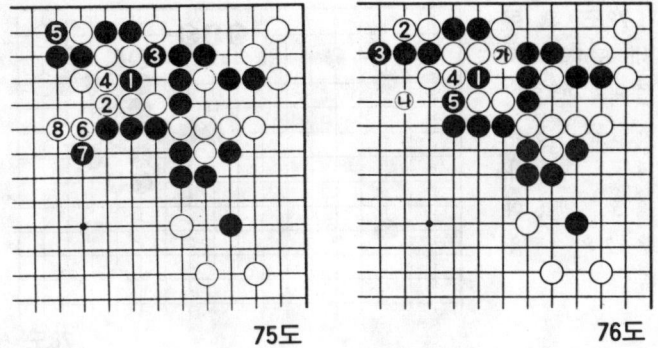

75도   76도

75도 흑 대이익 흑 1 의 끼움에 백 2 로 느는 것은 흑 3 의 끊음으로 2 점이 사실상 죽는다. 백이 6,8로 젖혀 나와 중앙 흑에 영향을 미치러 들지만 사실 백돌은 밤지딜 돌.

76도 뻗음 흑 1 의 끼움에 대해 백 2 로 늘면 3 의 뻗어 끊음이 있어 나쁘지 않다. 백 4 에는 흑 5 가 좋다. 흑 ㉮, ㉯의 봉쇄가 남아있다.

77도 백 나쁘다 1 의 끼움에 2 로 위를 누르면 어떨까? 그것은 악수이다. 흑 3 에서 5 로 그만이다. 백 ㉮면 흑 ㉯ 흑 ㉯면 백 ㉮로 뻗는다.

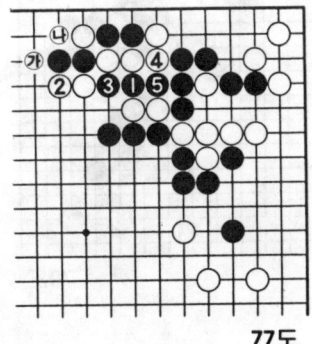

77도

78도 **흑우
세** 흑 1 의 치
중에 백 2 의
누름은 흑 3, 백
4 로 뻗는다.
흑 5, 백 6 다
음 7 의 곳을
둔다.

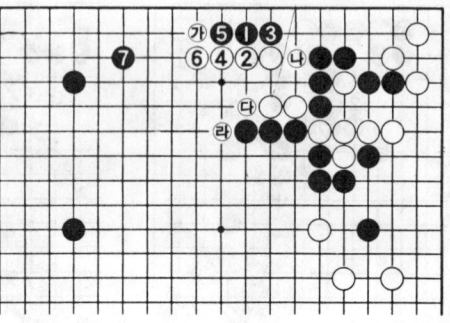

78도

백은 전체의 눈모양이 없다. 백 ㉮의 내려섬은 흑 ㉯, 백 ㉰,
흑 ㉱로 타개한다.

79도 젖힘 흑 1, 백 2 의 누름에 흑 3 의 젖힘도 유력하다.

80도 봉쇄 1 의 젖힘에 2 로 내려서면 흑 3 의 조임이 있다.
백 4 로 이으면 5 로 봉쇄를 한다.

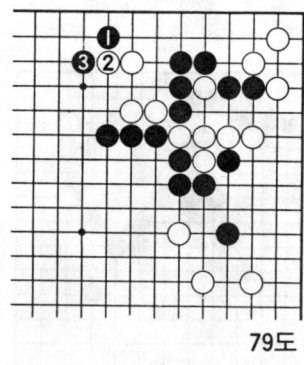

79도

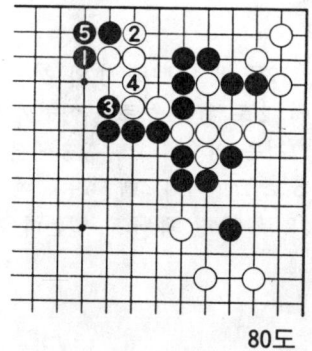

80도

81도 흑 승
세   백 1에는
단순히 흑 2로
막는 것이 나
쁘지 않다.

흑 3의 이음
엔 **4**의 젖힘이
하 **15**까지 공격
하여 빅이 난다.

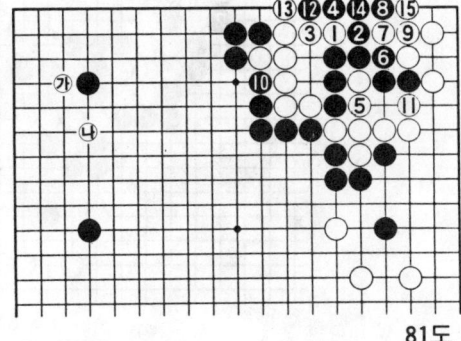

81도

다음에 ㉮와 ㉯가 맞보기.

82도 3점의 응수 흑 1의 내림에 대하여 백 2, 흑 3으로
두면 **4**로 한점을 단수한다. 흑 **5**의 먹여침에 백 **6**, 흑 **7**의
단수에 응수가 궁하다.

83도 흑 좋다 백 1의 뻗음엔 흑 2로 3점을 때려 우세 하
다.   일례로 흑이 ㉮로 내려서면 다음에 ㉯의 젖힘이 유력
하다.   백은 △표 3점의 처리
가 문제.

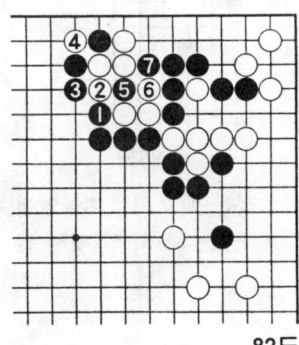

82도

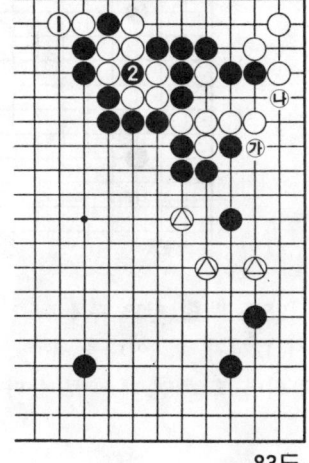

83도

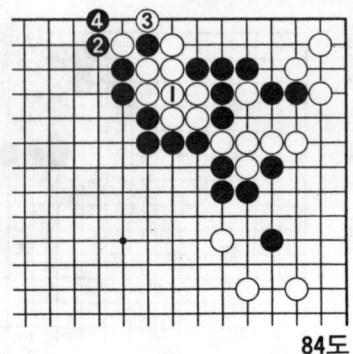

84도

84도 내려서는 수 백1로 3점을 이으면 흑2 단수 다음 4로 내려빠지는 수가 좋은 맥이다.

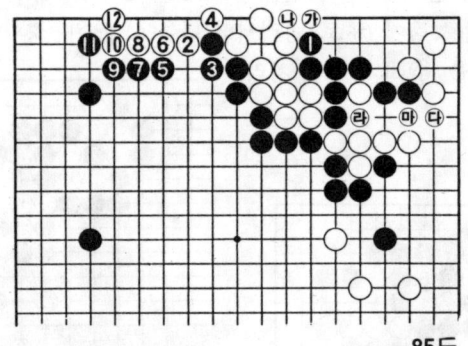

85도

85도 **백활** 전도 흑4로 1로 막는 것은 백2의 꺼붙임에 서 12까지 삶. 이다음 흑㉮, 백㉯가 선수. 흑㉰의 젖혀 끊 음이나 흑㉱면 백㉲로 둔다.

86도 **패로 이김** 흑 1 의 내려섬에 백 2, 흑 3 에 백 4 로 둔다. 흑 5 로 찌르면 백⑦, 흑⑭, 백⒟, 흑⑭, 백⑭, 흑⑭로 된다.

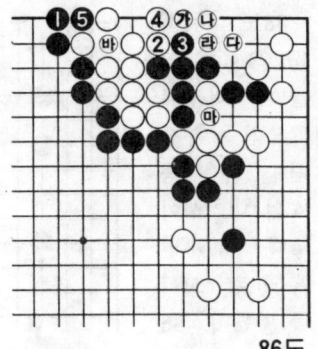

86도

87도 **축의 불성립** 전도 백 4 의 내려섬에 1 로 잇는 것은 흑 2 의 젖힘이 있다. 백 3 의 끊는 수는 흑 4 로 끌고 나와 이하 10까지 된다. 백⑦의 끊음에 대하여 흑⑭, 백⒟, 흑⑭ 백⑭, 흑⑭, 백⑭, 흑⑭로 되어 축이 성립하지 않는다.
　축이 불리함을 알 수 있다.

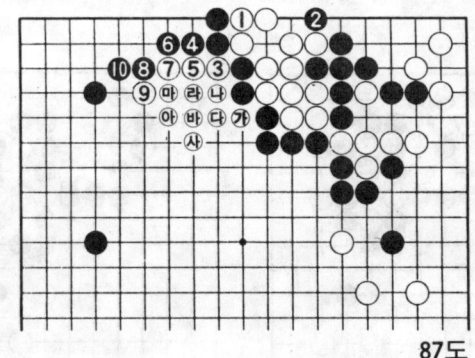

87도

88도 뒤를 땀 ⊘표가 있을 때 백1로 끊으면 흑2 단수 다음 흑 4의 내려섬이 좋다. 백㉮면 흑㉯로 꼬리를 자른다. 86도의 흑1은

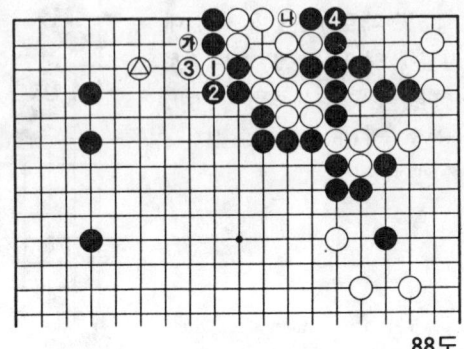

88도

실전에서 기억 해 둘만한 수.   87도의 수순의 수단을 유의 해둘 필요가 있다.

89도 환원 흑의 젖힘에 백1로 젖혀나가면 흑2, 백3,5에는 흑6의 끼움이 맥이다.

90도 내림 백1의 젖힘에는 흑2의 내림이 성립한다. 백 ㉮에는 흑㉯로 2점을 취한다.

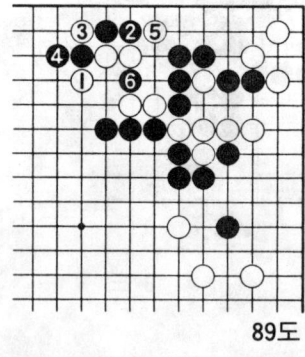

89도

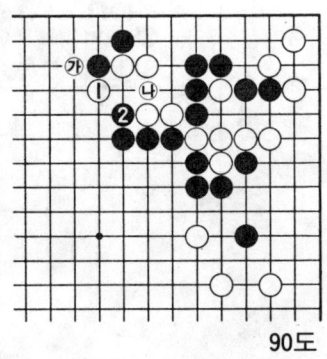

90도

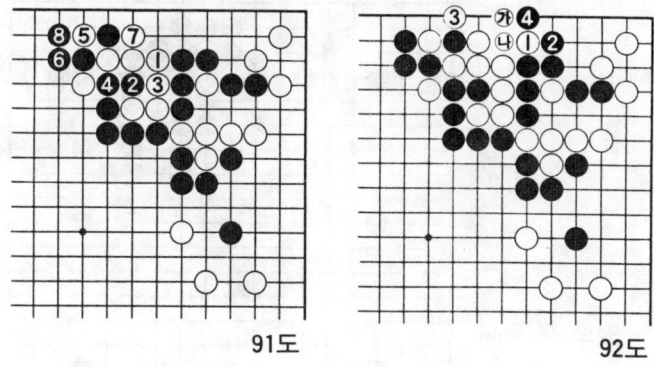

91도   92도

91도 공격 문제는 흑의 내림에 대해 백 1 로 부딪히는 공격이 있다. 흑 2 의 젖힘엔 3, 이하 5 로 끊어서 8 까지.

92도 흑의 패이김 백 1 의 젖힘다음 3 으로 때린다. 흑 4 로 몰아 ㉮, ㉯의 곳이 맞보기여서 대우세이다.

93도 꼬리 흑 1 에 대하여 백 2 의 받음은 3,5로 되어 돌이 무거운 착상.

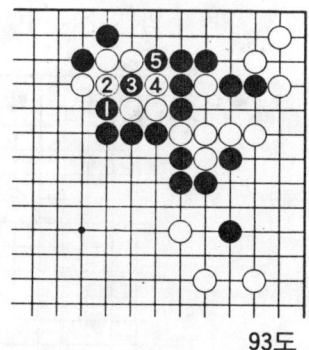

93도

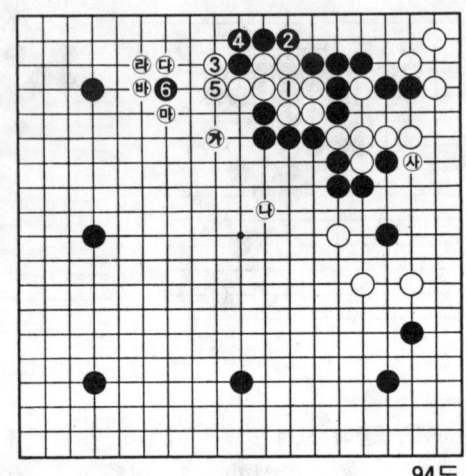

94도 흑 우세

백은 사석으로 작전을 전개하지 않고 1 의 곳을 이으면 어떻게 될까?

94도

흑 2 로 건너고 백 3, 흑 4 의 교환다음 5 로 이으면 6 으로 압박한다. 다음에 백㉮의 뜀은 흑㉯로 타개를 하는데, ㉰에는 흑㉱, 백㉲, 흑㉳가 있다.

95도 내려섬 이 형을 살펴보자. 흑 1 의 치중에 대하여 백 2 로 내려서 막는 수는 어떨까?

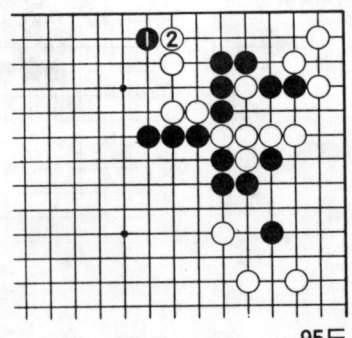

95도

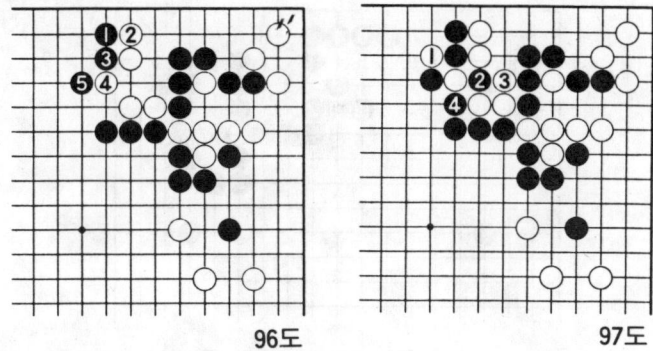

96도   97도

96도 **봉쇄** 흑 1의 치중에 백 2의 내려섬은 흑 3으로 올라 선 다음 5로 젖혀 백을 봉쇄하려는데 어떨까?

97도 **밀어침** 백 1의 끊음에 흑은 2로 먹여쳐 3으로 따 내면 4로 바깥을 조임이 강수.

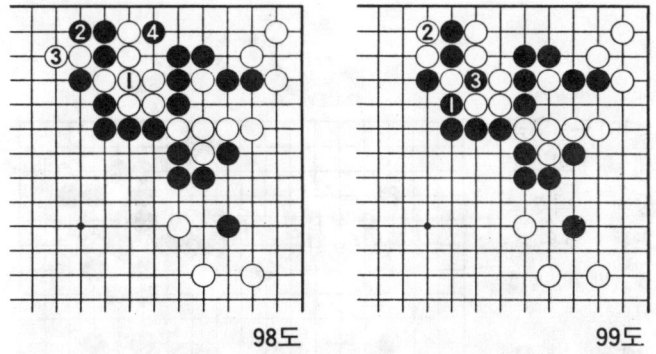

98도   99도

98도 **흑승** 다음에 백은 1로 이으면 2의 단수에 백 3, 흑 4로 되어 한수 빠르다.

99도 **천지대패** 흑 1에 백 2의 내려섬은 3으로 때려 천하 대패이다.

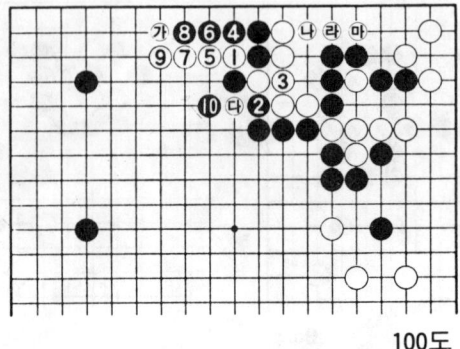

100도

100도 **흑승** 백 1 의 끊음에 흑2,4로 두는 공격은 흑8,10 으로 되어 흑승.

백 ㉮에 흑 ㉯로 한수 빠르다. 백 ㉮에는 흑 ㉯,㉰,㉱ 등의 변화를 생각해 보아야 한다.

101도 **흑공세** 흑1의 치중에 백 2 로 느는 것은 흑 3, 백 4, 흑 5 가 좋다.

백 ㉮, 흑 ㉯, 백 ㉰, 흑 ㉱로 될자리.

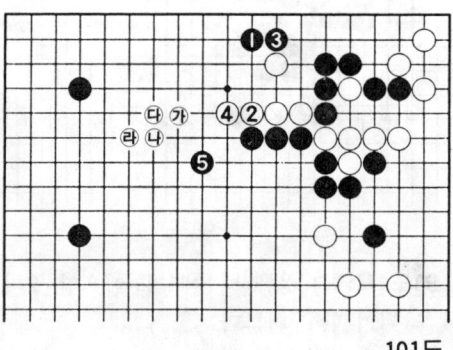

101도

102도 들여다봄 백이 밑으로 뛰는 것에 대하여 공격법을 생각해 본다. 흑 1이 날카로운 수. 여러 가지의 측면에서 연구하여 보자.

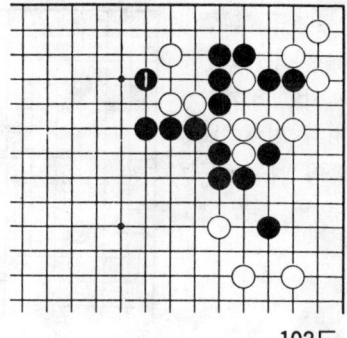

102도

103도 이음 흑 1의 들여다봄에는 백 2의 이음. 흑 3이 강수여서 백은 4로 젖힌 다음 6으로 나가 8까지—.

104도 공격 흑 1의 단수에 백 2, 흑 3의 이음은 한수. 문제는 백 4에서 6,8의 공격인데 9로 일단 단수하고—.

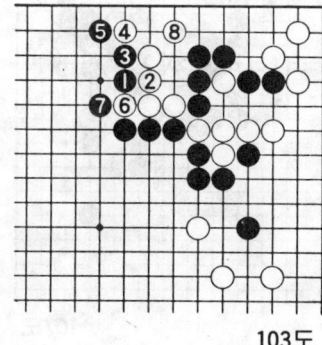

103도

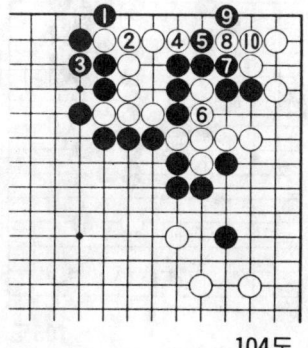

104도

105도 흑 좋
다 다음 흑 1
에서 8 까지
빅의 형태인데
흑이 매우 두
텁다.

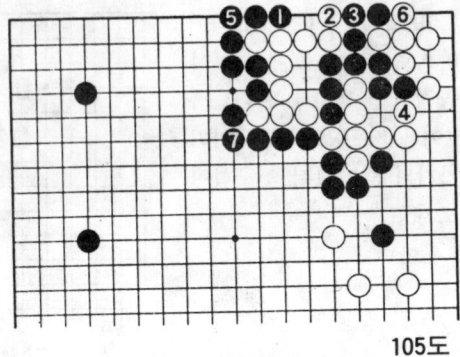

105도

106도 마늘모 104도의 변화인데 흑 1 의 이음에 대하여 백
2 는 어떨까 ? 4,6에는 5,7로 응수한다.

107도 흑 좋다 다음에 흑 1 이하 9 까지 공격으로 105도
와 같은 선수빅.

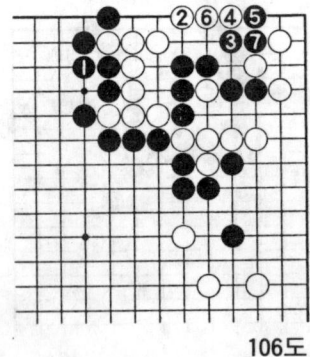

106도

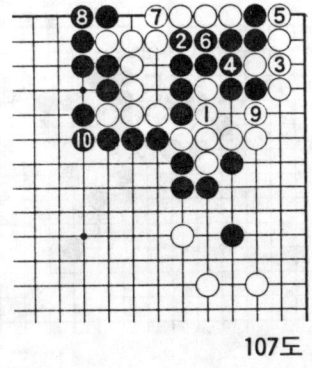

107도

4보 백의 좋은 모양 이상에서는 전보에서 흑의 대모양을 살펴보았고, 여기에서는 28의 때림의 안형부터 살펴보기로 한다.

흑28로는―.

4 보(28-35)

108도 내림 흑 1 의 내림이 선수이익. 백 2 에 흑 3 으로 때린다. 다음에 백 ㉮에는 흑 ㉯로 받아 눈을 확보하여 둔다.

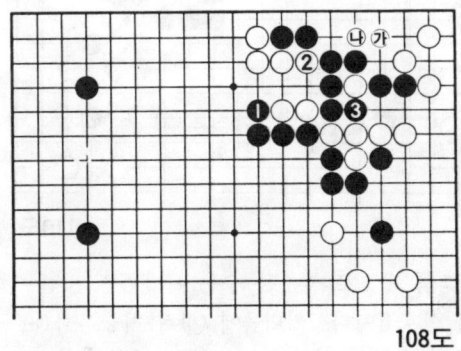

108도

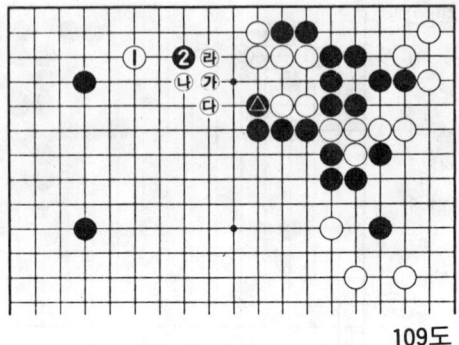

109도

109도 타개의 침입 흑▲표의 내림에 백 1 의 침입은 어떨까? 흑 2 가 재미있는 수. 백㉮, 흑㉯, 백㉰, 흑㉭로 되는데 흑▲표 돌이 모양의 급소에 다가와 있다.

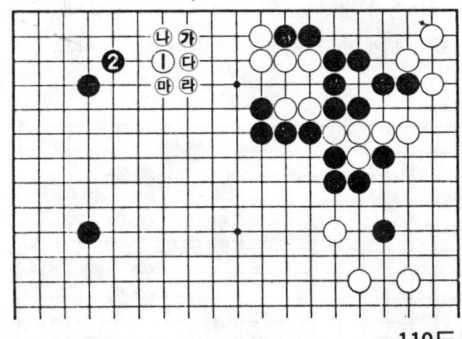

110도

110도 늦춤 백 1 로 늦추는 수는 어떨까? 3 칸 뜀은 흑 2 의 수비가 절호점이다. 이다음에 ㉮의 치중, 백㉯, 흑㉰, 백㉭, 흑㉱의 수단이 강렬하다. 29도, 30도의 수는 소극적이다.

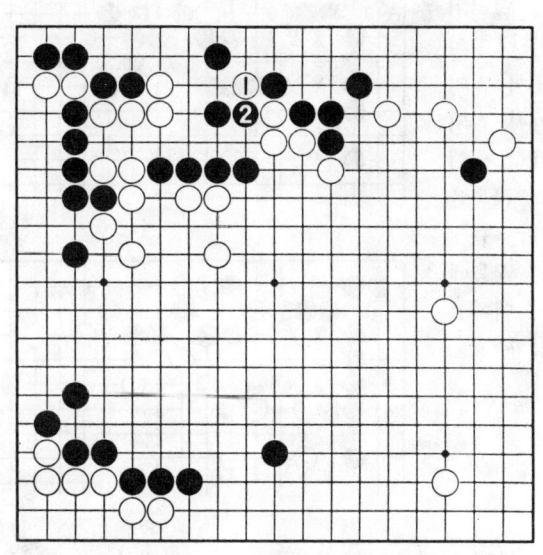

제 9 형
젖혀 끊음

제 9 형 나의 실전국에서 뽑아본다. 백 1 의 젖혀 끊음을 생각해 보자. 백은 좌상 일단이 근거가 없어 다소 불안한 감이 없지 않다. 중국류의 포석이 성행하던 시대의 배석이다.

1 도 반격
우변을 넓히기
위하여 백 1 의
끊음에서 3 의
노림까지. 4 의
절단이 백이
㉮의 끊음을
예방하는 수.

백의 끊음에
어떻게 대처를
해야할까?

1 도

2 도

2 도 실패 그전에 백 1 로 두는 수는 안된다. 흑 2 다음 4
로 그만이다. 상당한 연구가 필요하다.

3 도 단수하고 나감 백 1 의 단수에 흑 2 로 이으면 3 으로
나간다.

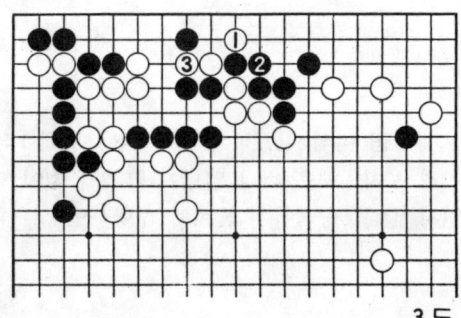

3 도

4 도 밑을 끊음 백 2 점이 나가는 모양인데 당연히 흑은 머리를 두드린다. 이때 백 2 의 끊음이 상당히 복합적인 수다.

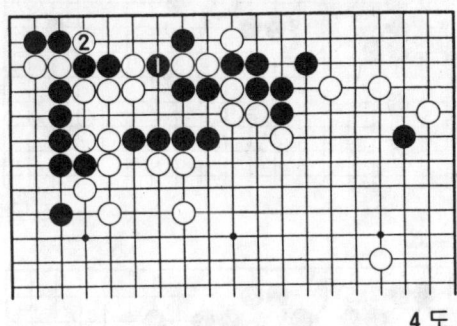

4 도

5 도 대성공 이다음 흑 1 로 나가면 이하 6 까지 대성공이다. 당연히 흑은 달리 두는 방법을 강구하지 않으면 안된다.

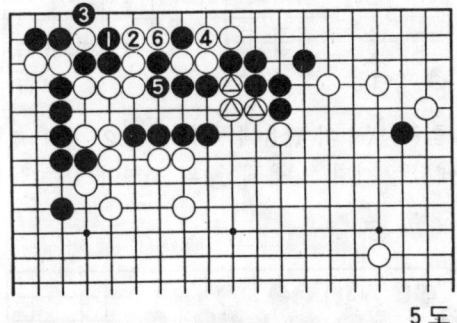

5 도

6 도 백 대성공 전도 백 1 의 끊음에는 흑 2 로 상변을 때리면 어떨까? 그러면 백 3 으로 2 점을 때린다.

7 도 이익 없음 밑으로 끊는 수는 백 1 로 내리는 수가 있어 흑 2 로 2 점을 때릴 때 3,5로 되어 이익이 없다. 6 으로 먹여쳐 백의 눈을 없애 머언날의 전투를 내다본다.

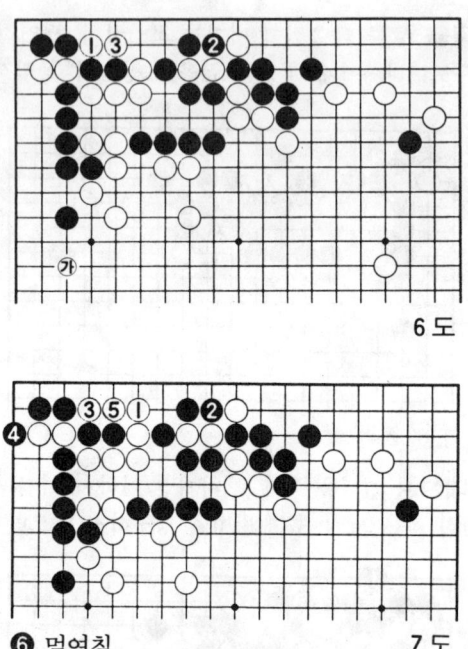

6 도

❻ 먹여침.　　　　　　　　　　7 도

8 도 갈림길 백 1 의 끊음에 대하여 흑 2 이하 4 까지　백 5, 흑 6 에서 7 까지. 다음에 ㉮ 의 젖힘이 있는데 7 은　절호점.

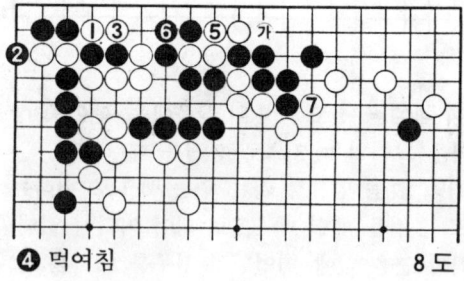

❹ 먹여침　　　　　　　　　　8 도

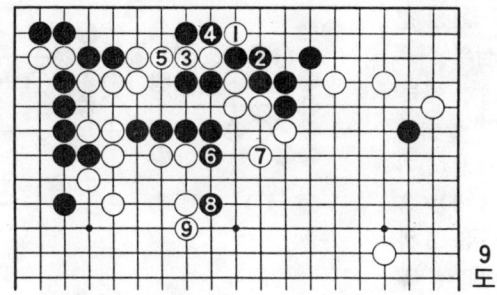

9 도 갈림 백 1 로 단수하고 3 , 5로 나가는 것은 당연하다. 이것은 흑을 상하로 분단한 모양이다. 흑 8 , 백 9 로 되어 싸움이 벌어진다.

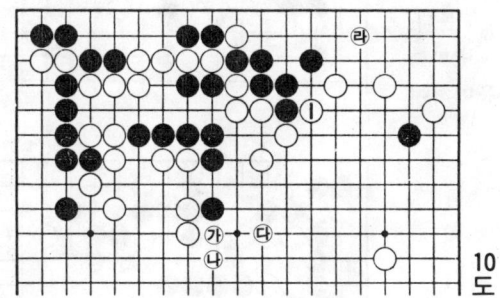

10도 젖힘 전도의 다음 ㉮의 곳을 누르면 백㉯로 강하게 젖힌다. 그러면 흑㉰인데, 중앙전투에서 백 1 의 수에 흑은 ㉰로 받지 않으면 안된다. 다음에서 살펴보자.

11도 급소의 뻗음 전도의 젖힘에서 백 1 로 뻗으면 흑 2 , 백 3 으로 흑 4 를 강요하고 백 5 로 급소에 둔다.

12도 흑사 백 1 의 아래 끊음에서 3 까지. 백 5 의 붙임이 예리하다. 흑 6 , 8로 2점을 때릴 때에 이하 9 까지.

13도 실전 경
과 이상의 이유
에서 백1에는
흑2로 응수한
것이 실전 경과
이다. 3에는 흑
4, 그다음 5까
지. 다음에 흑
㉮로 끊으면 백
㉯, 흑㉰, 백
㉱, 흑㉲, 백
㉳, 흑㉴, 백
㉵로 누른다.
이후의 변화를
계속 음미하여
보자.

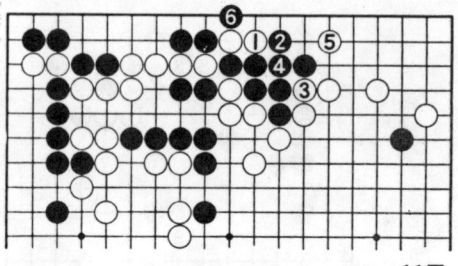

11도

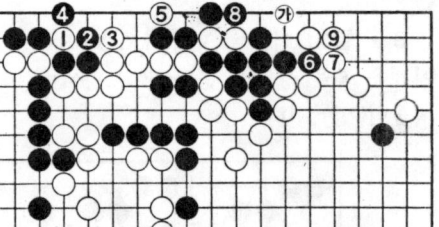

12도

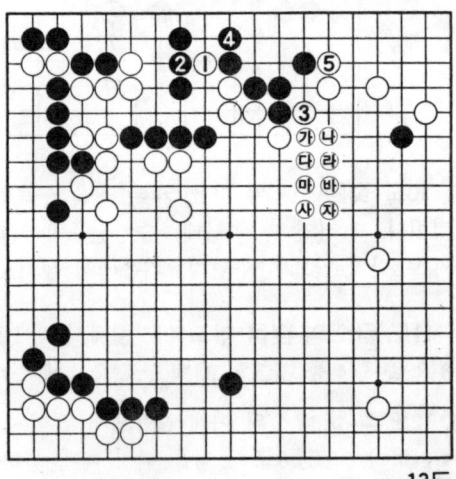

13도

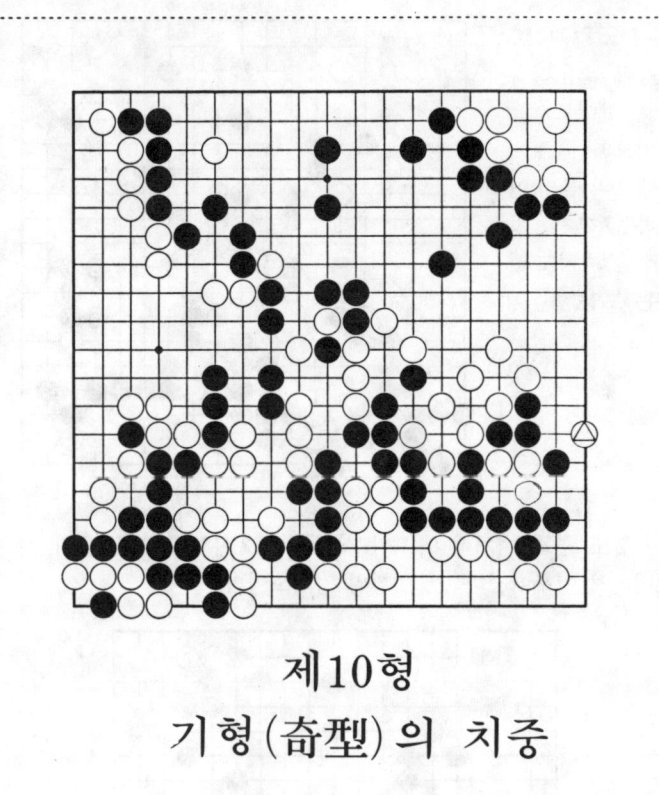

제10형
기형(奇型)의 치중

제10형 대책 나의 지도기의 소재로 백이 ⊘표에 치중하여 왔을 때 혹의 대마의 사활이 문제가 된다. 일종의 기이한 모양인데 조형미다운 감이 있다.

1도 경과 10
형의 실전 경과
로 반대로 살
펴보자. 흑 1에
백 2의 붙임,이
하 7까지 한
점을 취하고 있
는 모양.

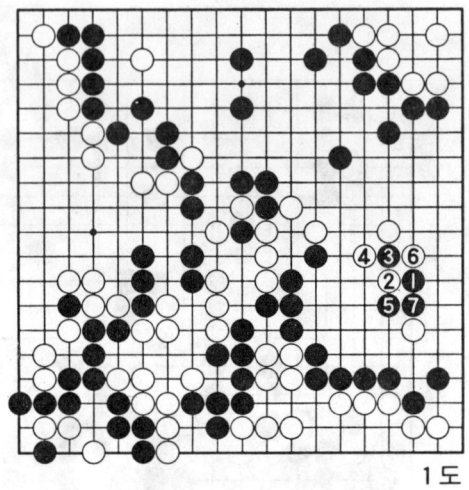

1 도

2 도 경과 여기서 백 1의 젖힘은 흑 2 이하 20의 끊음의 방
지까지 이루어졌다. 제10형의 경과도이다.

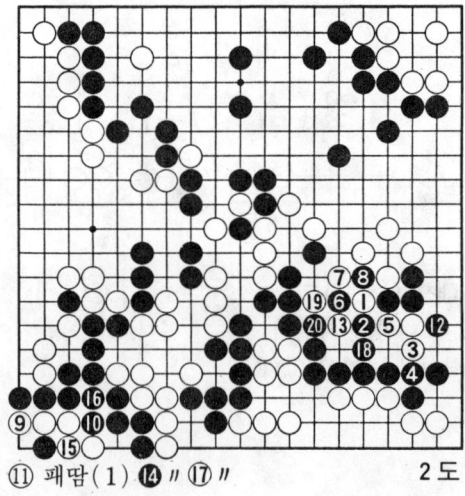

⑪ 패땀(1) ⑭ 〃 ⑰ 〃   2 도

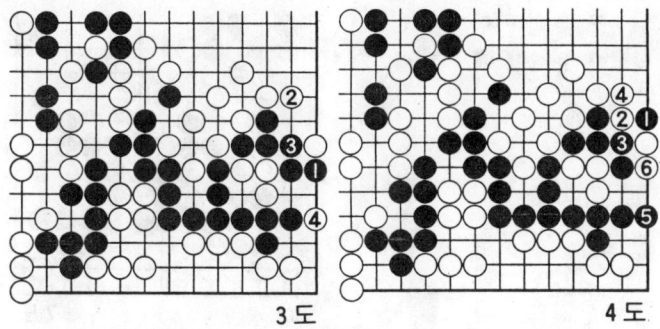

3 도   4 도

3도 실패 흑1로 내려서고 백2에 3은 4의 붙임으로 눈이 생길 수 있다.

4도 실패 흑1의 붙임도 성공할 수 없다. 5로 내려서도 6의 뻗음으로 그만이기 때문이다.

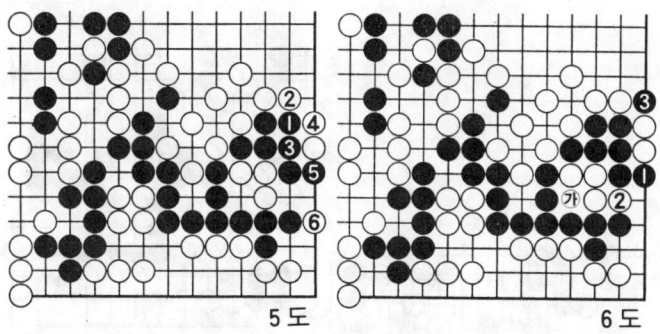

5 도   6 도

5도 실패 그러면 흑1로 내려서는 것은 어떤가. 이것은 백 2, 4로 그만이다. 5로 타개하려 하면 6의 붙임이 통렬하다.

6도 백의 실패 전도의 변화로 흑1의 내려섬에 백2로 나가는 것은 3으로 때려낸 다음 먹여칠 때 ㉮의 곳을 둔다. 만약 흑이 손을 빼면 5궁도화로 죽는다.

7도 젖힘 이런 형에서는 젖힘이 유력할 때도 있다.

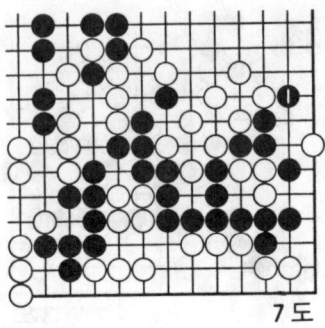

7 도

8도 3점머리 흑 1의 젖힘에 백 2로 바깥을 막으면 흑 3으로 이어 이하 6까지 된다.

9도 사는 모양 1로 단수하여 2로 이을 때 3으로 두면 사는 모양이다. 다음에서 설명을 덧붙인다.

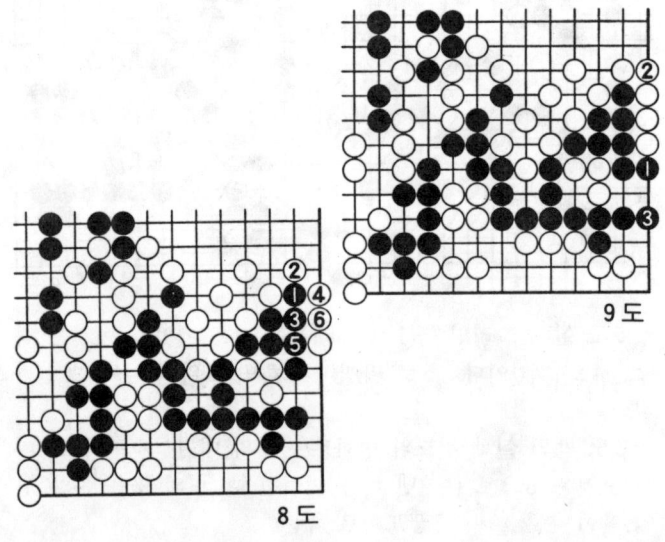

9 도

8 도

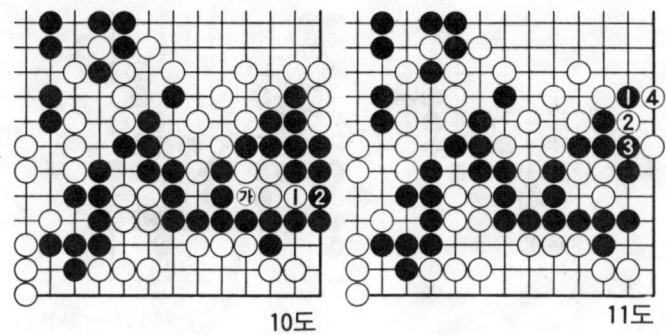

10도　　　　　　　　　　　　　　　11도

10도 삶 다음에 백1로 중앙을 움직이면 백은 ㉠로 두어 5궁의 형태다. 참으로 진기한 형태가 생긴 모양이다

11도 패 여기에서는 흑1의 젖힘에 대하여 백2의　끊음에서　4까지 패.

12도 변화 흑1에 백2로　3을 응수시키고　4로 때린다.

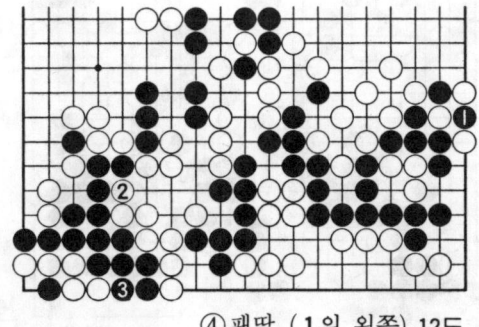

④패땀 (1의 왼쪽) 12도

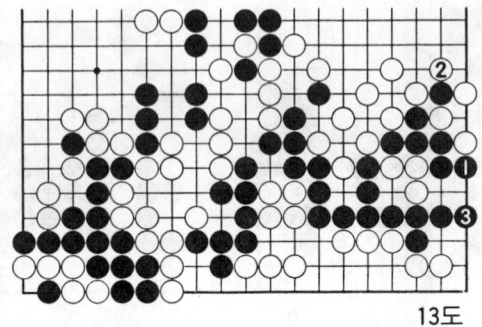

13도

13도 흑생 패를 때리면 그 다음 흑1에는 백2가 불가피하다. 그러면 3으로 두어서 사는 모양이다. 일시적으로 위험하긴 하지만 맥을 알고 있으면 대마가 쉽게 죽지 않는다.

14도 위험 백의 변에 대하여 1로 뻗는 것은 백2의 단수로 대마가 극히 위험하다. 흑㉮로 나가는 팻감, ㉯와 ㉰의 팻감이 있어 극히 위험천만이다.

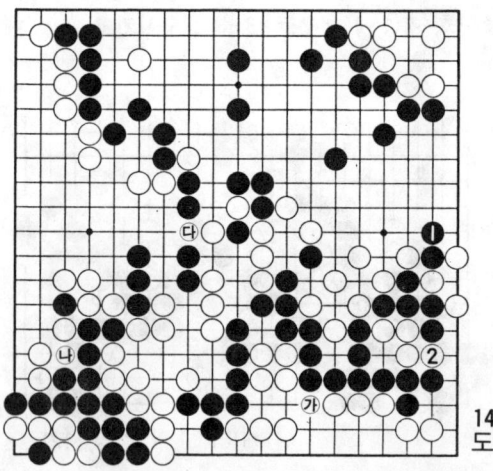

14도

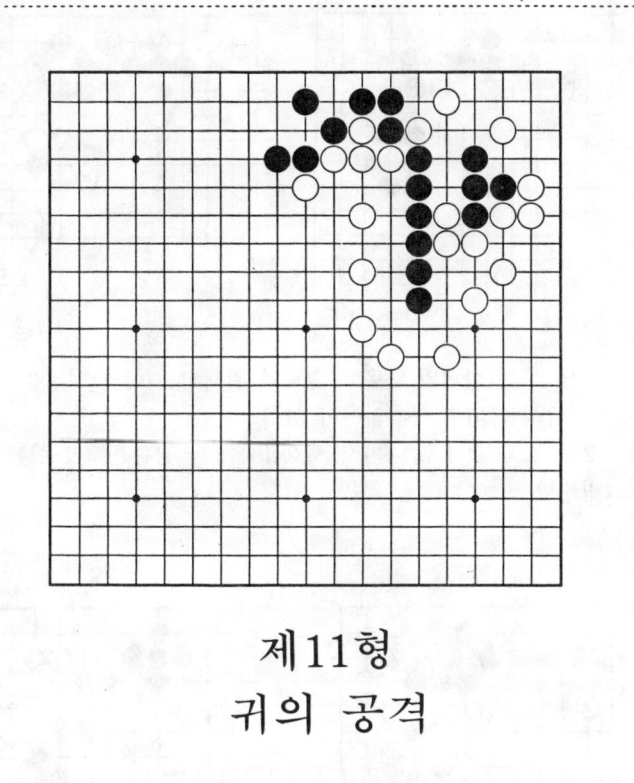

제11형
귀의 공격

제11형 갇혀있는 흑 혹 일단이 갇혀 있다. 백의 귀에는 어떠한 맛이 남아 있을까. 결함을 찾아 본질적으로 공격을 하는 문제인데 최선의 응수를 찾아보자. 이러한 문제는 맥점을 찾아내는 것부터 생각하여야 한다.

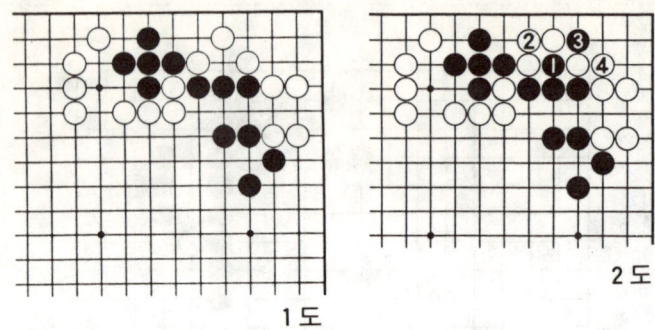

1도   2도

1도 흑선 상변의 흑을 구출하기 위해서는 백의 결점을 찾아 적극성을 띠고 공격하여야 한다.

2도 실패 흑 1로 나가서 백 2일 때 3의 끊음은 4로 이어서 그만이다.

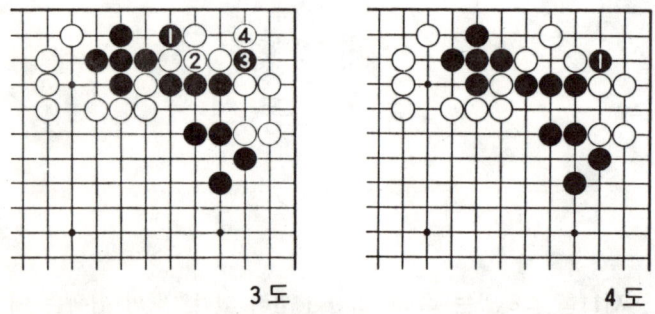

3도   4도

3도 실패 흑 1로 단수를 하고 3으로 끊으면 어떨까? 이것은 4로서 그만이다.

4도 끊음 여기에선 흑 1의 끊음이 있다. 백은 어떻게 두어야 할까.

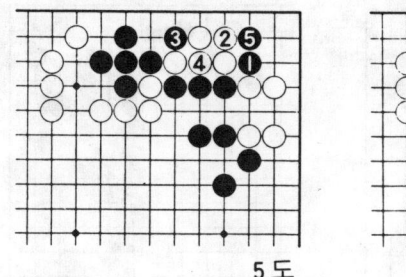 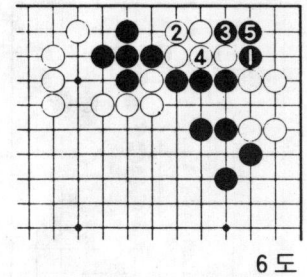

5 도   6 도

5도 성공 단순히 흑1로 끊는 것이 교묘하다. 흑3, 백4,
흑5로 그만이다. 1의 끊음전에 3의 단수는 보류를 하여 둘
자리.

6도 성공 1의 끊음에 대하여 백2의 이음은 이하 5의 이
음으로 백이 안된다.

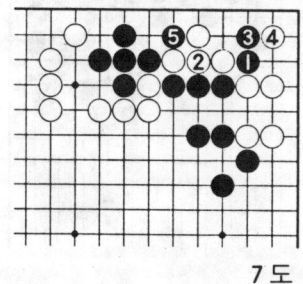 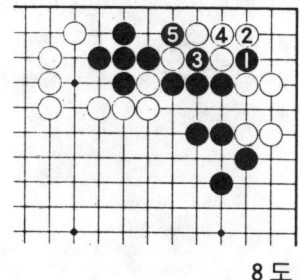

7 도   8 도

7도 성공 흑1에 백2는 3, 5로 쉽게 수습된다.

8도 탈출 결국 백1의 끊음에 대해서는 백2의 단수 다음
흑3을 기다려 백4, 그러면 흑5로 때려낸다. 그러면   다시
본형으로 돌아가서 11형에 도전해 보기로 한다.

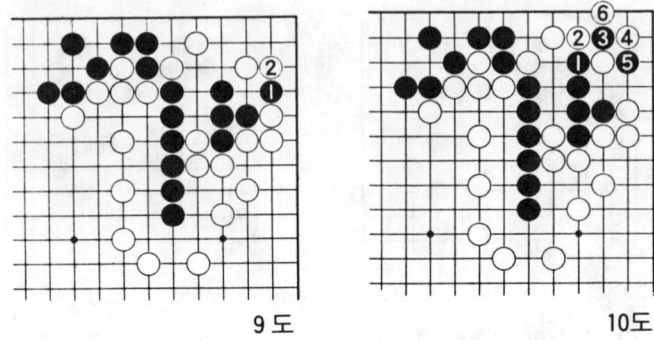

9도   10도

9도 실패 흑 1 의 젖힘은 백 2 의 내려섬이 있어 잘 안된다.

10도 나가 끊음 그러면 흑 1 , 3 의 나가 끊음은 어떨까. 이 것도 상당히 복잡하다. 4 의 단수에서 6 의 때림까지 — .

11도 패 흑 1 로 늘때 백 2 의 뻗음, 흑 3 으로 4 를 강요 하고 흑 5 에는 백 6 , 흑 7 로 때려 패. 15도의 패는 실패 부 류에 속한다.

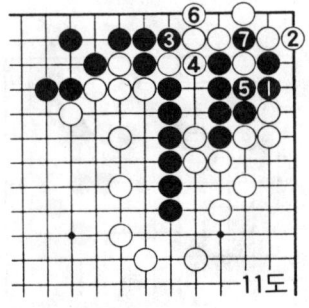

11도

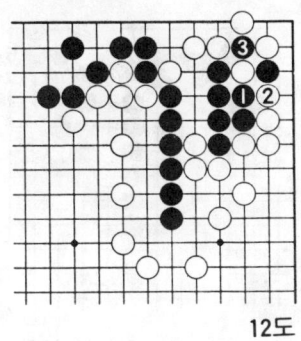

12도

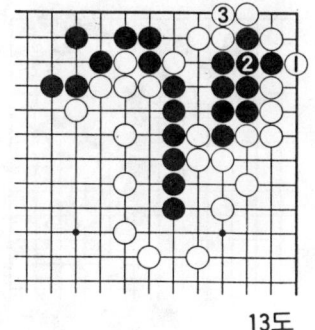

13도

12도 변화 전도의 변화로 그림의 흑1로 바로 단수하는 것은—.

13도 연단수 백1의 단수 다음에 3의 곳을 둔다.

14도 연락 이 다음 흑1, 3에는 4로 잇고, 흑5에는 백6이면 그만이다. 11도의 변화로 그림 1의 점이 급소이다.

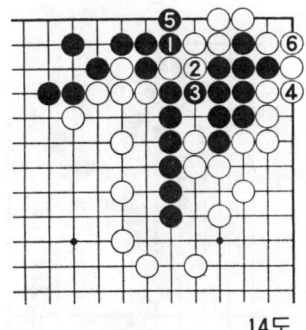

14도

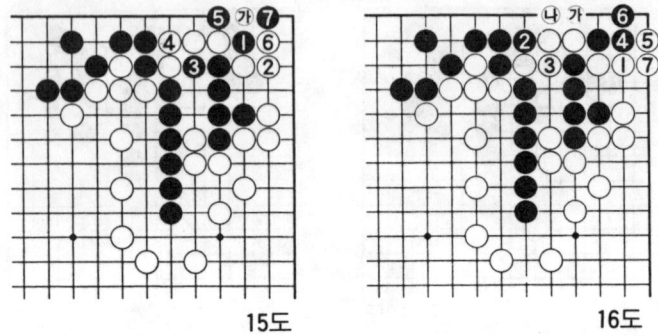

15도   16도

15도 패 이것은 10도의 변화로 흑 1의 끊음에 대하여 패가 난 결과이다.

16도 흑 부담 전도에 대하여 흑 6까지 되었을 때 백 7로 이으면 흑이 부담이다. 흑 4로 ㉮의 곳 젖힘은 단수 다음 흑 6의 곳 젖힘, 백㉯의 단수로 타개한다.

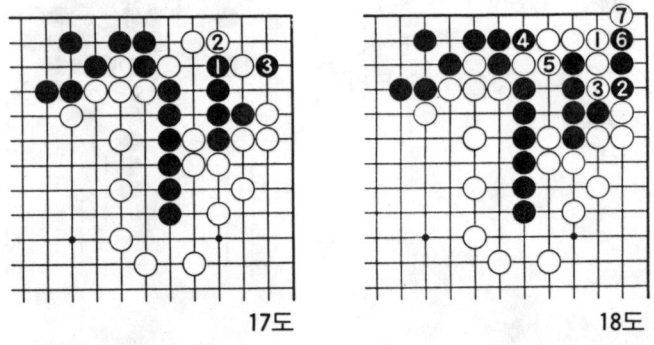

17도   18도

17도 양붙임 그래서 흑 1로 나가면 백 2로 막을 때 3의 곳을 양붙임한다. 검토하여 보기로 하자.

18도 흑실패 1의 이음이 당연한데 흑 2에 3의 끊음은 백 7까지 공격을 한다.

19도 흑의 늘어진패 흑 1
로 먹여치고 흑 3으로 두면 백
4의 뻗음이 있다. 이하 7까
지 늘어진패가 되는데 ㉮의
곳을 두면 본패가 된다.

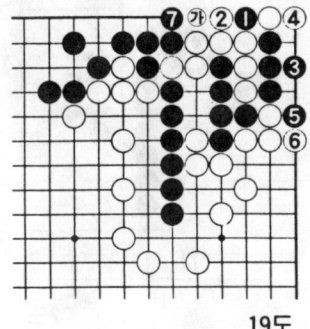

19도

20도 단순한 붙임 여기에서 정해는 흑 1의 단순한 붙임이
다. 흑의 위기를 어떻게 돌파하는지 살펴보자.

21도 흑승 흑 1의 붙임에 백 2로 응수하면 흑 3으로 나간
다음 5로 6을 강요하고 7로 끊어 9로 잇는다.

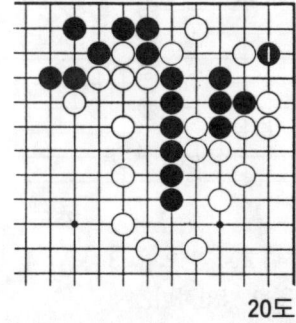

20도

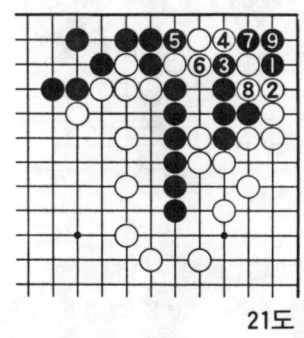

21도

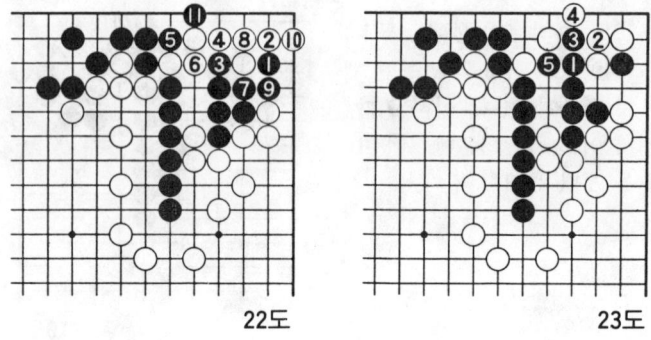

22도   23도

22도 백사 흑 1 의 단순한 붙임에 대하여 다음 백 2 는 11의 젖힘으로 승부가 끝난다.

23도 탈출 전도의 변화에서 흑 1 의 탈출에 대해 백 2 의 이음은 흑 3 으로 나가 5 로 두는 것이 좋다.

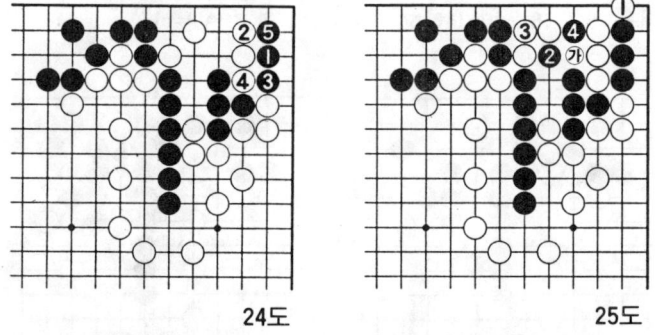

24도   25도

24도 뻗음 흑 1 의 붙임에 대하여 백 2 로 뻗으면 3 다음 4 의 끊음이 있다. 그러면 흑 5 의 끊음은 당연하다.

25도 백 무리 백 1 의 젖힘에 대하여 흑 2 , 4 로 백이 잘 안 된다. 여기에서 먼저 ㉮로 나가는 것은 4 로 이어 타개가 잘 안된다.

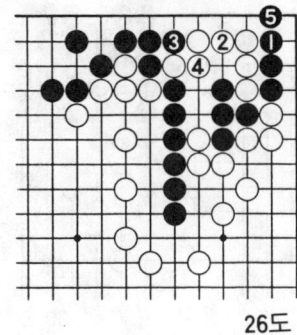

26도

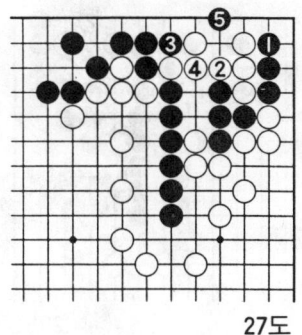

27도

26도 흑승 그래서 흑1의 뻗음엔 백2의 이음인데, 그러면 3과 4를 교환하고 5로 뻗는다.

27도 치중 흑1의 뻗음에 백2로 눈을 확보하려는 것은 흑 3에서 5가 일련의 수순.

28도 백의 한수 늘어진패 다음에 백1로 귀를 젖히면 흑 2로 끊는다. 흑3의 젖힘이 있어 패싸움인데 ㉮의 곳을 두어 본패.

20도 흑1의 단순한 붙임과 25도의 수순, 27도, 28도의 강수는 기억해둘만하다.

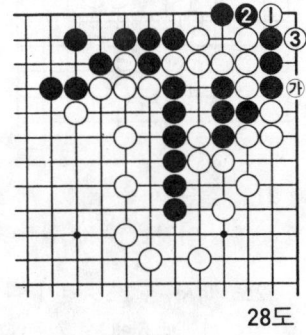

28도

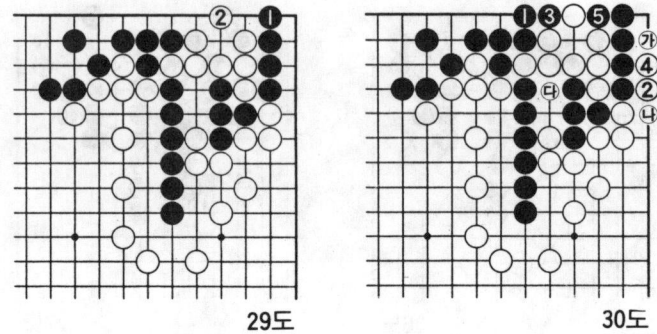

29도   30도

29도 눈 27도의 흑 5 대신 1로 두는 것은 백 2로 눈을 내어 문제다.

30도 본패 흑 1에 백 2로 젖히면 흑 3, 5로 이것은 본패다. 28도는 백의 한수 늘어진패. 흑 5로 ㉮하면 백㉯, 흑㉰로 되어 부분적으로 빅이나 이것은 대마가 죽어있어 논외다.

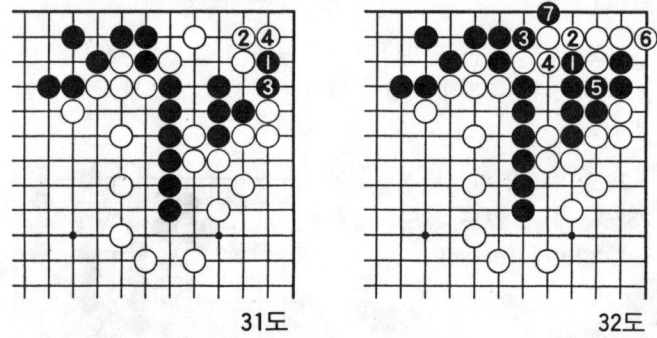

31도   32도

31도 절단 다음 흑 1, 백 2에서 흑 3 백 4까지를 생각해 볼 수 있다. 이것은 백의 실패다.

32도 백사 흑 1로 먼저 나와 3으로 4를 강요하고 나서 5로 잇는다. 백 6에는 7로 그만이다.

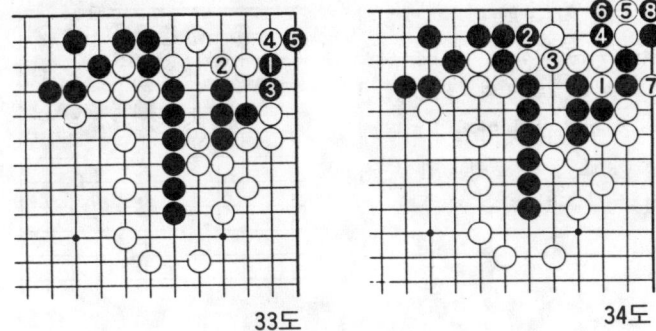

33도   34도

33도 뻗음 흑1에 대하여 백2의 뻗음은 이하 3, 5 까지 외길 수순이다. 신중한 대책이 필요한 곳인데.

34도 공격 백1로 끊으면 흑2로 3을 강요하고 4로 끊는다. 백5로 내려설 때 6, 8로 백을 따낸다.

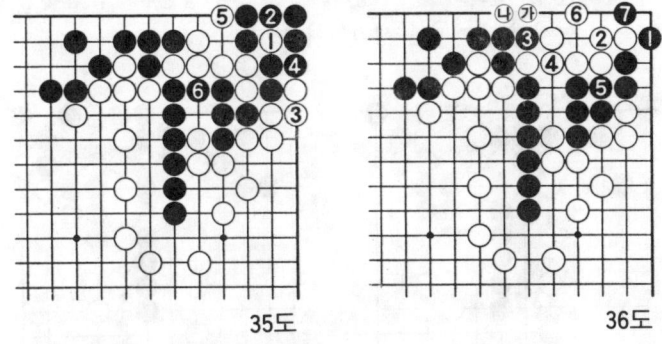

35도   36도

35도 흑승 다음에 백1의 먹여침에는 흑2, 백3에는 흑4의 수순을 거쳐 백5의 마늘모엔 6으로 그만이다.

36도 흑승 또 흑1의 젖힘은 백2로 이은 다음 3과 4를 교환하고 5의곳을 잇는다. 백㉮, 흑㉯의 자리, 4수나 3수의 패가 난다.

37도 악수 백1의 뻗음에 흑2로 귀쪽으로 나가는 것은 악수이다. 백3의 급소가 있어 이하 7까지 안된다. 다음에 흑㉮로 두어도 백㉯면 3수, 4수로 흑이 한수 부족하다.

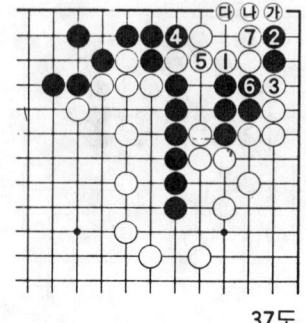

37도

38도 패? 전도에서 흑1로 젖혀서 3으로 두는 것은 어쨌거나 패가 날 조리인 것 같다.

39도 꼬리가 끊김 흑1에 백2, 흑3에 백4는 흑의 꼬리가 떨어진다. 변화가 많은 형이다. 20도의 단순한 붙임에서 28도의 늘어진 패까지를 생각하여 보았다.

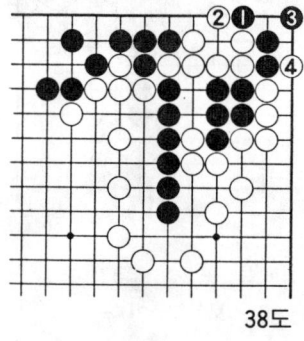

38도

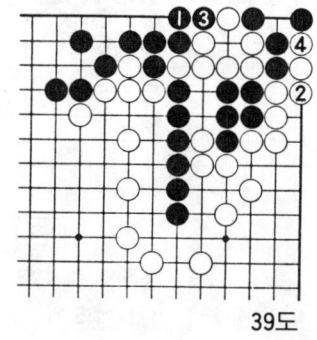

39도

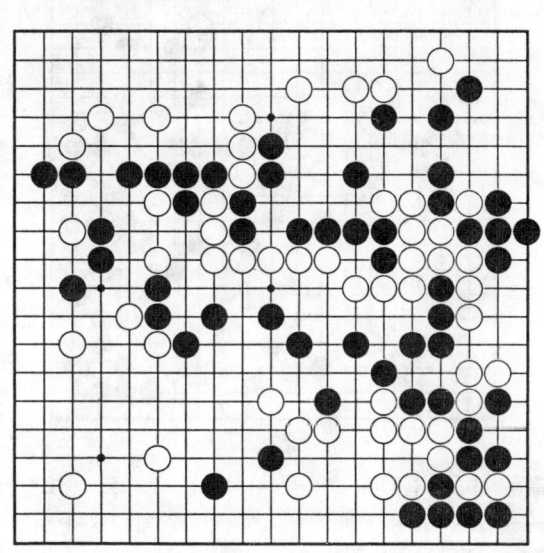

제12형
공격의 맥점

제12형 대마의 안형 나의 백번기의 실전국으로 중앙에
연해 있는 백대마가 눈이 없는데 결론은 단독으로 살아야
하는 과제이다.

이 문제의 과제는 결함을 습격하는데 있다. 공격의 색채
를 강요하는 문제이다.

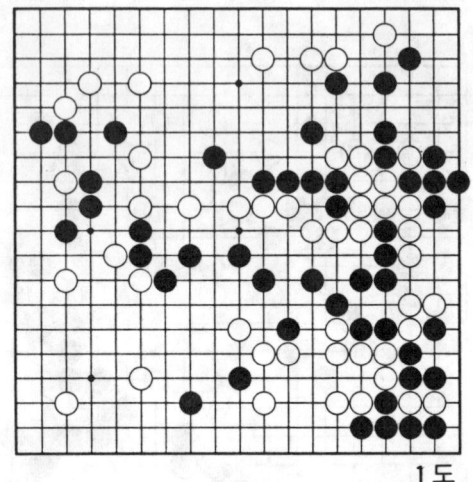

1 도

출발점 1 도 일국의 흐름을 나타내는 것으로 제12형이 생긴 수수를 10여수 추중해볼 필요가 있다. 제12형이 생긴 출발점을 살펴보자.

1 보 실전경
과 흑1이 급
소로 눈을 빼앗
을 때 백2, 흑
3의 붙임, 백
4의 끼우는 맥
이 타개의 한
수, 흑5로 끌
때 6의 이음,
이하 13까지—.

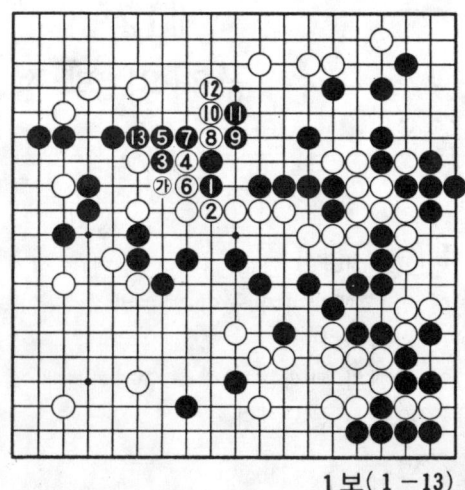

1 보(1 −13)

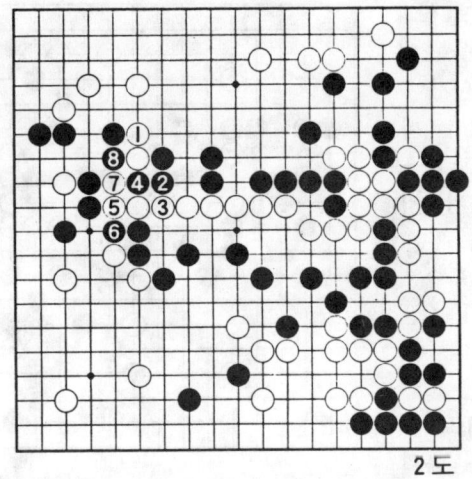

2 도

2 도 절단 1 보 백 4 의 맥에 대하여 백 1 로 단순히 나가면 흑 2 다음 8 까지의 끊임이 있다.

3 도 사는 모양 1 보의 흑 5 로 1 의곳을 두면 백 2 , 4 로 된다. 이 다음 흑㉮, 백 패땀, 흑㉯,백㉰로 된다. ㉭와 ㉲가 눈모양을 형성할 수 있는 곳.

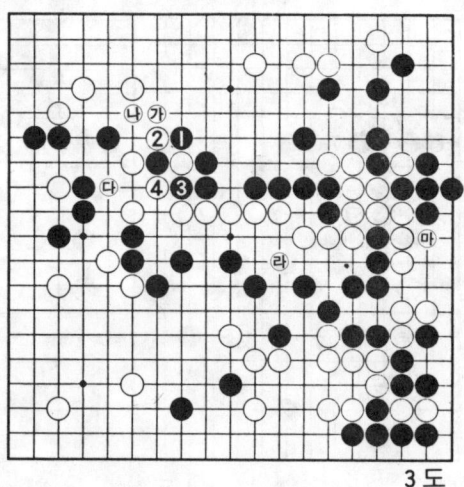

3 도

4도 흑 실패
백2로 늘어 4,
6으로 나간다.
흑 ㉮에서 백
㉯로 연락. 흑
㉮에 ㉯의 이
음. 백㉰, 흑㉱,
백㉲로 수습.

5도 백 실
패 흑 ● 표로
될 때 1로 끄
는 것은 흑의
대실패, 백㉮의 끊음엔 흑㉯.

6도 흑 따냄 1보 흑13의 이음이 당연하다. 1로 나가
면 9까지 된다

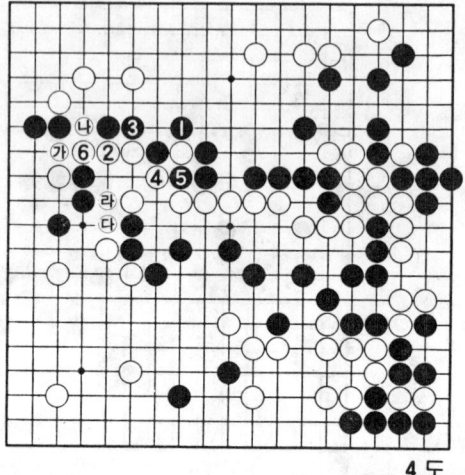

4 도

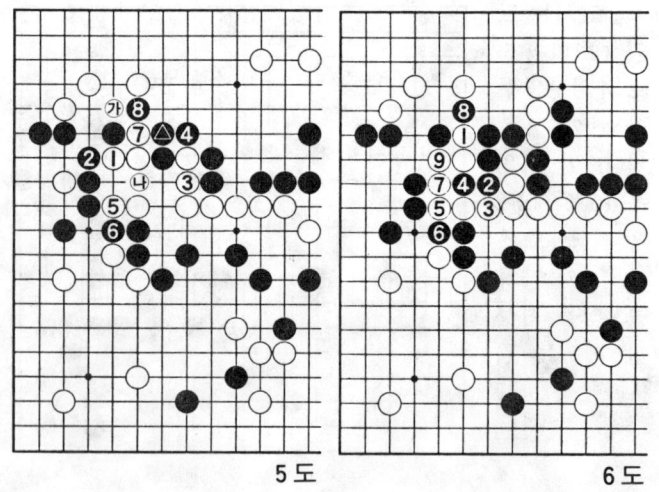

5 도　　　6 도

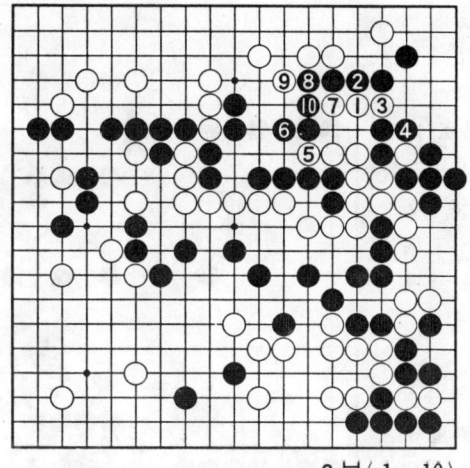

2보(1 —10)

2보 이맥(異脈) 흑의 공격과 백의 응수에서, 실전에서는 백1의 뛰기, 흑2로 이었고 백3에 흑4, 백5에 흑6, 백7, 9 다음 흑10으로 되었다. 그러면 제1의 실패는 어딘가? 설명을 하기로 한다.

7도 붙임 이 형에서는 제1감으로 떠오르는 형이다. 이러 한 백1의 붙임이 있는 것이다. 백은 돌파구를 구하게 돼 흑 의 결함을 찾는게 비교적 즐거운 일이다.

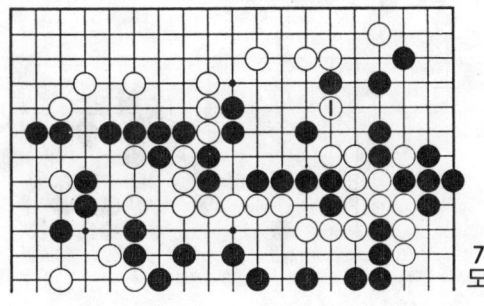

7
도

8도 걸림 백 1의 붙임에 대하여 생각해 보자. 흑2로 나가면 3으로둔 다음 4로이을 때5로 밀고나간다. 8로 늘 때 9로 끼운다. 23도에서는 3으로 4의 끊음을 생각할 수 있다. 이 수순에 정확을 기해야 한다.

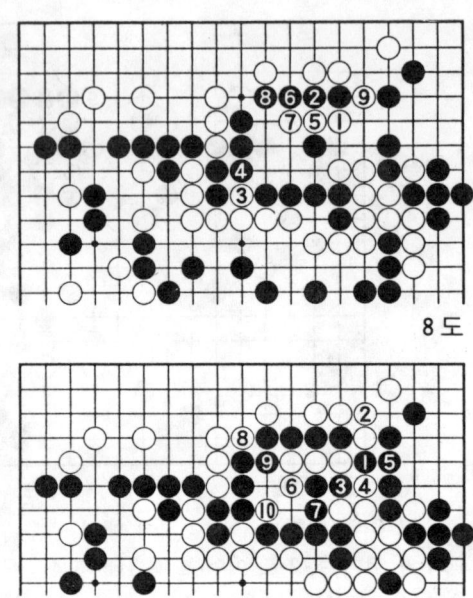

8 도

9 도

9도 누르는 수 없음 전도다음 흑1에서 3은 4, 6 다음 8, 10으로 끊는게 수순. 흑은 누르는 수가 없어 비극이다. 백8, 10으로 끊어 그만이다.

10도 백승 백1 흑2는 3으로 4를 강요하고 5로 조여 그만. 흑은 잇는 수가 없다.

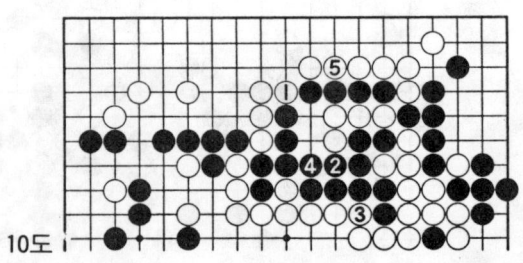

10도

11도 상변을
나감 백1의 젖
혀 끼움에 흑2
의 단수는 백3
다음 흑이 상변
을 나가는 것을
생각할 수 있다.
단호한 태도다.
백5의 끊음이
흰히 보인다.

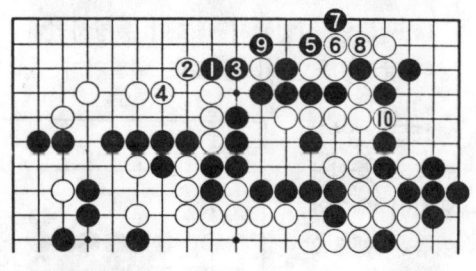

11도

12도 백 대
만족 다음에 흑
1, 3으로 늘면
백4가 불가피
할 때 5, 7의
단수 다음 9로 한점을 때린다.

12도

13도 흑사 백1의 붙임에 흑2로 두면 백3과 4를 교환하
고 5로 쌍립을 하는 수가 있다. 흑6으로 이으면 7로 끊어
서 중앙의 흑은 죽는다. 백1의 젖힘이 정착으로 다음의 여러
변화를 보고 검토하여 보기로 하자.

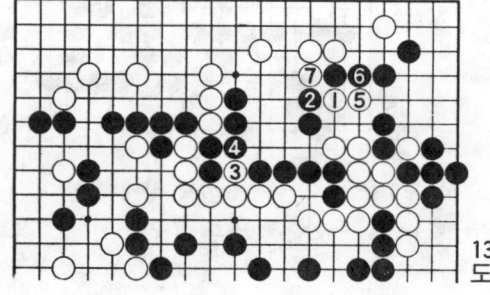

13
도

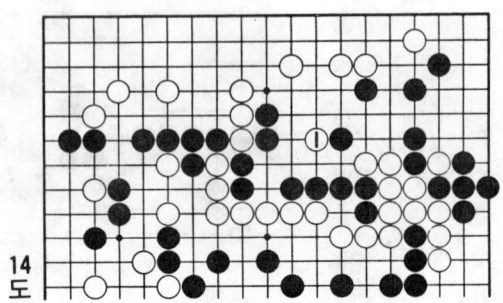

14도 붙임 실전에서 백 1 이 등장하였다. 백 1 의 붙임도 상당히 날카로운 맥이다. 깊은 수읽기가 필요한 곳이다.

15도 연락 백 1 의 붙임에 대하여 흑 2 의 이음은 백 3 으로 나가 5, 7 로 된다. 8 의 곳을 이으면 9 로 연락이 된다.

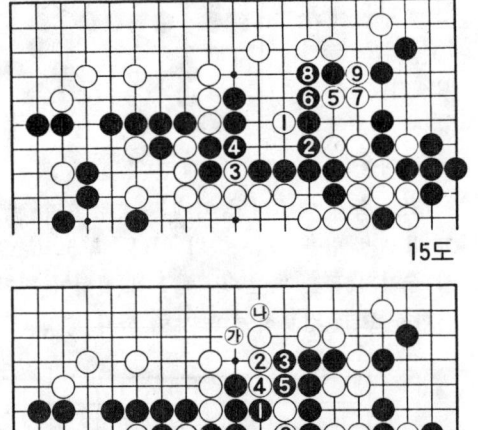

16도 흑사 흑 1 은 백 2 이하 6 까지 살지 못한다. 1 로 2 의 곳을 두면 백 1 다음 흑㉮, 백㉯로 응수한다. 한집으로는 살수 없다.

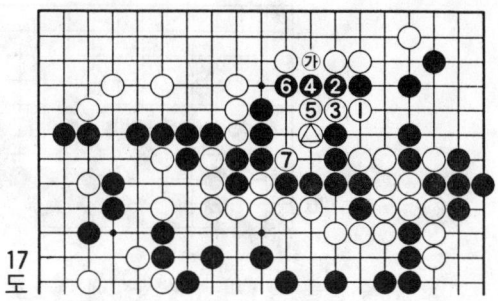

17도 흑7점이 끊김 백◬표의 붙임에서 흑이 이으면 백1
의 붙임에 백에 흑2이하 6까지의 응수는 7까지 7점을 수
중에 넣는다. 다음 흑㉮로 나가도 우상의 백은 살 수 있다.
어쨌거나 7점은 사서으로 쓸 수밖에 없다.

18도 흑 무리 백1의 붙임에 대하여 흑2로 나가는 것은 백
3다음 9까지 흑의 타개가 어렵다.

19도 누르는
수 없음 다음
에 흑1로 끊
어도 백2 다
음 4로 끊으면
흑은 누르는수
가 없다. 9도
와 같은형이다.

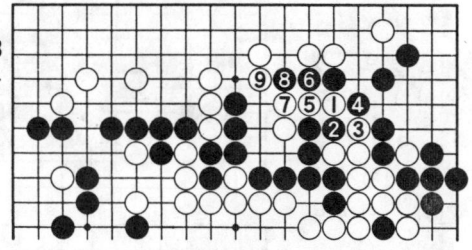

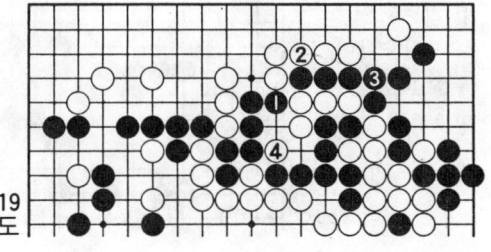

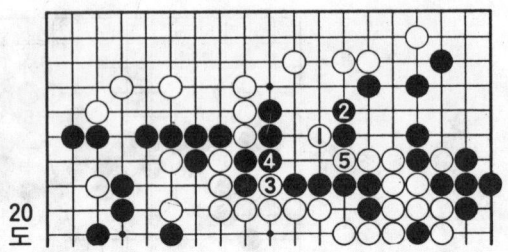

20도 위쪽 뻗음 백 1의 안쪽 붙임에 흑 2로 위쪽을 뻗으면 날카로운 수같이 보이나 백 3과 4를 교환하고 5로 나가는 수가 있다.

21도 되따냄 그다음 흑 1의 끊음엔 2의 단수 다음 3을 기다려 4로 붙인다. 이하 6까지 흑의 비극이다.

22도 끊음 백 1의 붙임에 흑 2의 젖혀서 받음은 보통 생각하기 쉬운 수 다. 3의 끊음 으로 변화가 생 긴다. 흑 4로 상변을 단수하 면 계속하여 5 로 단수한다. 흑△표 2점을 원호하면 6으 로 때린다.

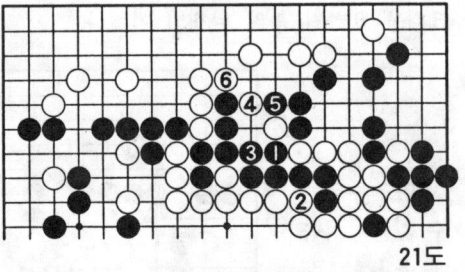

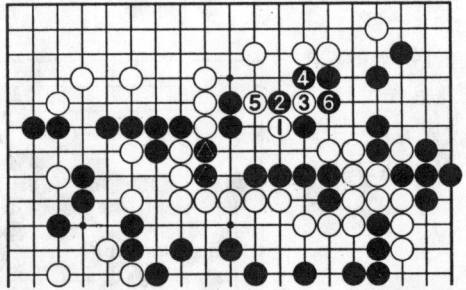

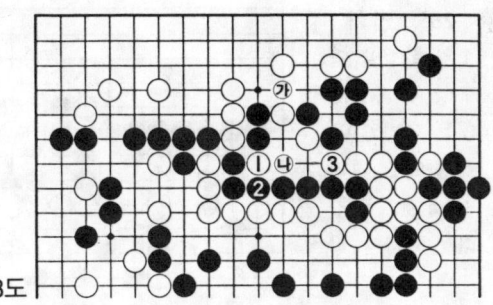

23도

23도 맞보기 전도에 이어 중앙에 흑 2점이 있음에 수순의
주의가 필요하다. 여기에서 백 1의 끊음은 흑 2의 이음, 3으
로 나오는 것이 좋은 수. 다음 흑㉮는 ㉯로 연락한다. 흑 8
점이 죽는디.
또 ㉮로 ㉯라
는 것은 ㉮의
곳을 이어 흑이
안된다.
　24도　 동형
전도에 계속하
여 흑 1의 끊음
은 백 2로 이
어 흑일단이 끊
긴 수다. 전체
를 잡는 수를
내다본다.

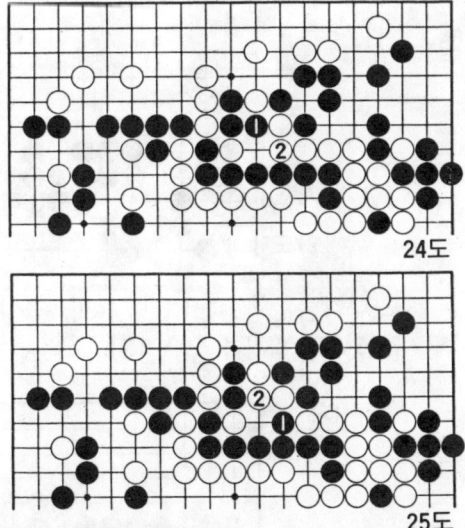

24도

25도

25도 도망 그렇기에 흑 1의 끊음에 당연히 백 2로 이어도
흑은 탈출할 수가 없다. 23도 3으로 나감은 흑 한점을 때림
이 교묘하다.

26도 변화 백 1의 한점을 단 수할 때 흑 2로 잇는 수가 있다. 백 3으로 때리 면 4로 나간 다.

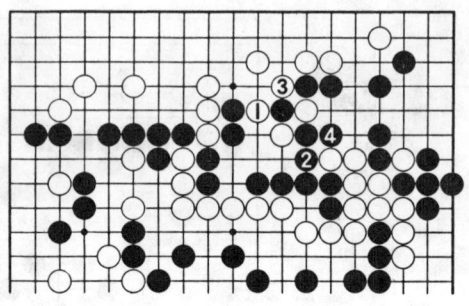

26도

27도 5점 떨어짐 백 1로 나가면 흑 2의 끊음이 불가피할 때 3으로 끊는다. 중앙의 흑 2점을 주지 않으면 5점이 떨어 진다.

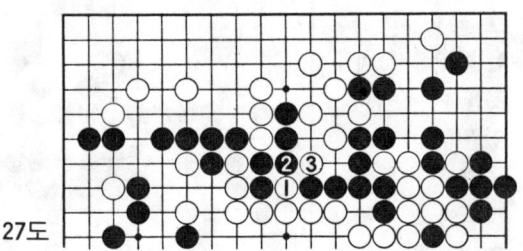

27도

28도 나감 이 수순에서는 백 1의 끊음이 교묘하다. 이다음 흑 2는 3으로 나가는 수가 있다.

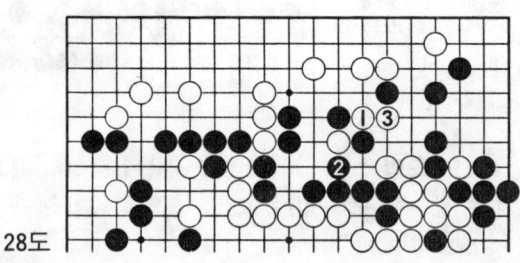

28도

29도 견본

흑 1 로 나가
면 백 2 의 단수
로 낙승이다.
㉮의 곳이나 ㉯
의 끊음이 견본.

30도 백이 좋

다 백 1 에 흑 2
는 백 3 의 젖힘
이 맥. 다음 흑
㉮의 끊음은 백
㉯로 니간디.
28도 이하로 되
돌아 간다. 이
변화는 간단하지
가 않다. 백 3
으로 ㉲의 붙임
을 생각해 보기
바란다.

3 보 패착 백

5 실전 경과에
서 백 1 의 뜀에
흑 2, 3 으로 나
갈 때 흑 4, 백
5 이면 흑 6 으
로 끌어 그만이
다. 백 5 가 불
각의 패착.

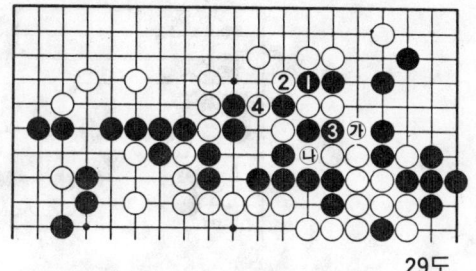

29도

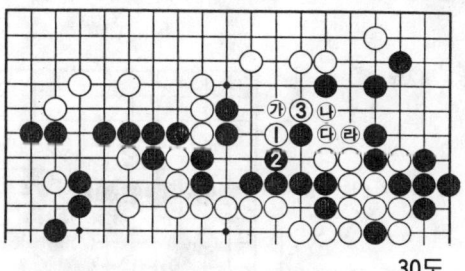

30도

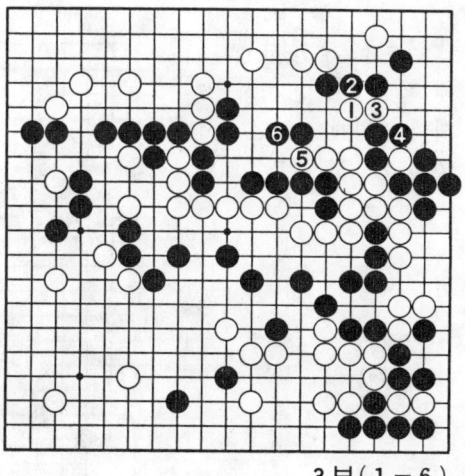

3 보 (1 - 6)

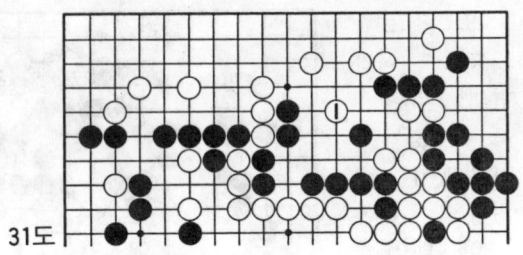

31도

31도 치중 백 1 로 치중을 하면 어찌될까? 변화를 검토해 보기로 하자.

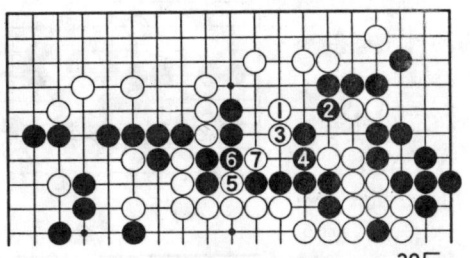

32도

32도 흑 5 점 취함 백 1 에 흑 2 는 백 3 다음 4 를 기다려 이 하 5 , 7 로 5 점 을 취한다.

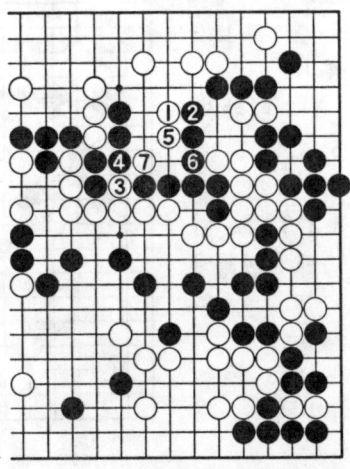

33도

33도 나가 끊음 백 1 에 흑 2 로 끊면 이하 7 까지 강하게 저항한다. 상 변 31의 변화의 발전이다.

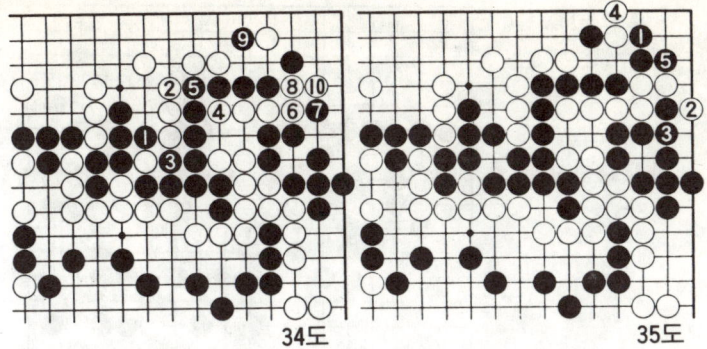

34도   35도

34로 우변 나감 흑 1로 때려 연락하면 백 4로 5를 강요하고 6·8로 나간다. 9의 맥점의 건너 붙임엔 10으로 빠진다. 우상은 어찌될까?

35도 내려섬 흑 1로 한점을 취하면 백 2로 3을 기다려 4가 안형의 급소.

36도 백 좋다 백 1, 3다음 4에서 6까지 패가 난다. 흑에 대한 팻감은 ㉠의곳 나감. ㉡나 ㉢의 곳 등이다. 백은 패를 환영한다.

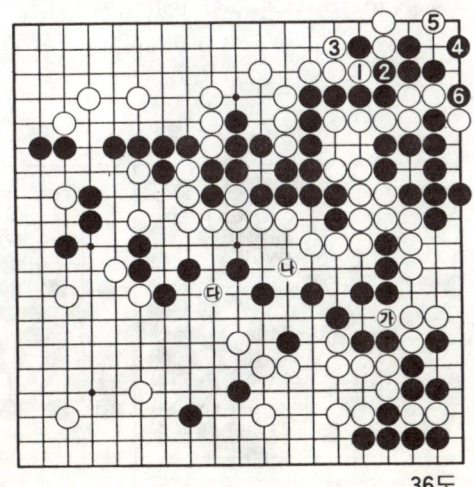

36도

4 보 안형 실전에서는 백 5, 흑 6 으로 안형을 만들고 7, 9 이하 18까지 되었다.

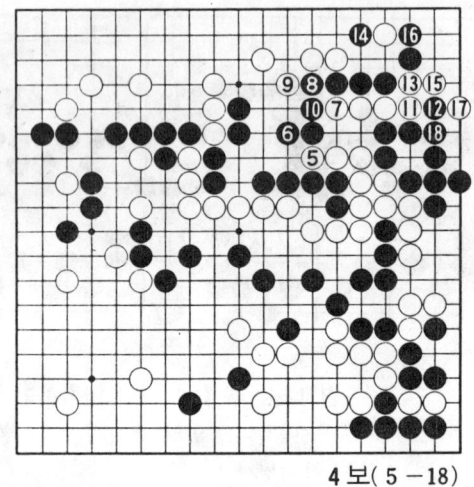

4 보(5 —18)

37도 안형 백 1 , 3 에서 5 까지 선수하고 7 로 내려선다. 흑 8 ,10에는 11의 붙임이 있다.

38도 흑생 흑 1 , 3 으로 이익을 취한 다음 5 , 7 로 중앙을 두어 흑이 사는 형태.

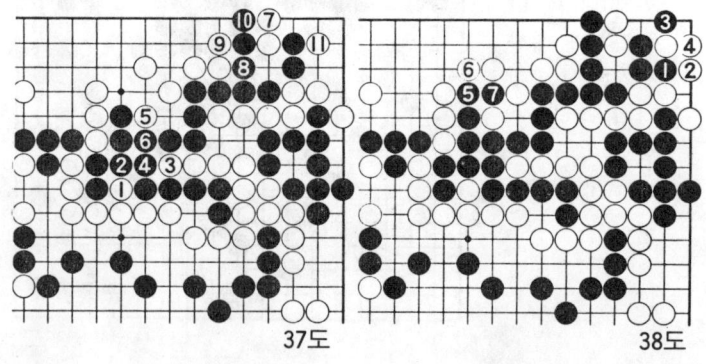

37도   38도

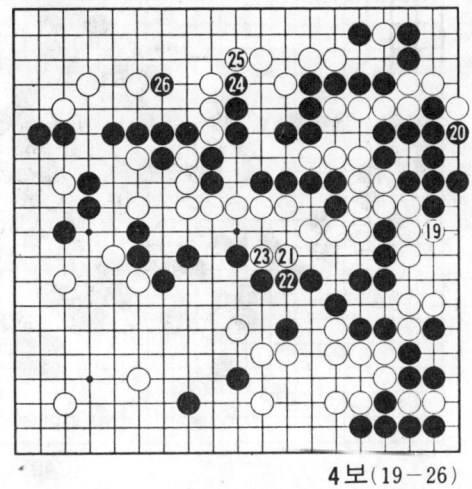

4보(19-26)

　　4 보 백, 돌던지다 이쯤에서 백은 형세를 살펴보면, **19**의 내려섬에서 **21, 23**으로 중앙에 눈을 만들려고 한다. **24**로　나가면 흑**25, 26**으로 붙인다. 흑의 압승.

　　39도　패가 남다 우변 백의 한 집은 완전하지 않다. 패가 난다. **1**의 선수는 백㉮, 흑㉯의 타개를 방지한다. 흑은 백㉰의 끊음을 방치하기 위하여 ㉱의 곳을 둔다.

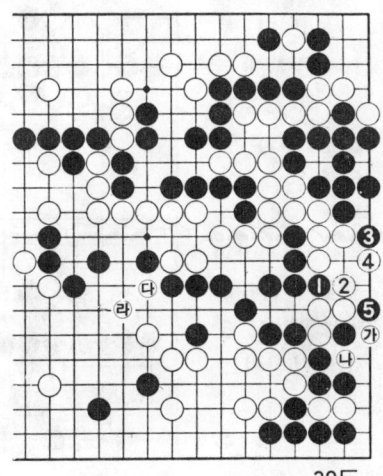

39도

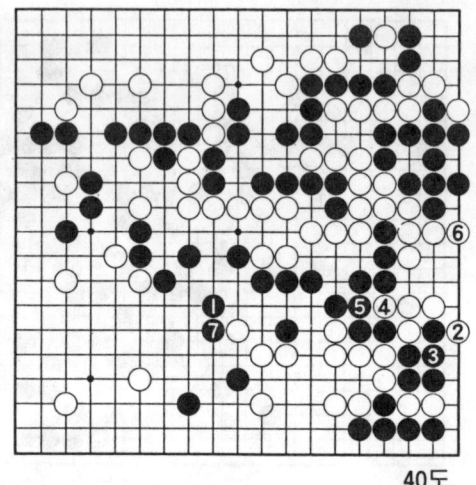

40도

40도 하변에서 삶 흑 1 이면 이하 6 까지 하변에서 산다.

41도 파괴 4
보 흑26의 수를
나타내었다. 백
1 의 젖힘에는
흑 2 의 끊음이
있다. 그러면
4, 6으로 상
변을 파괴한다.

41도

42도 파괴
흑 2 의 끊음에
대해 백 3, 5
로 되어 나의 실
패작이다.

42도

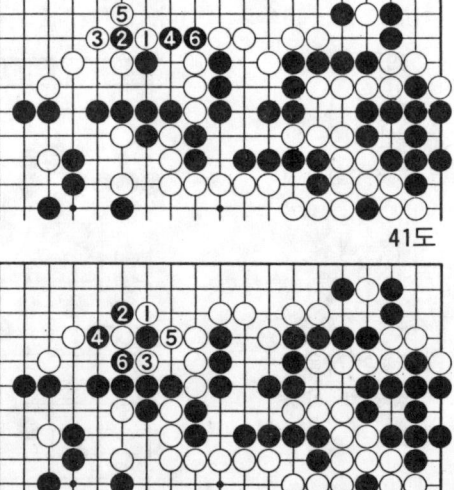

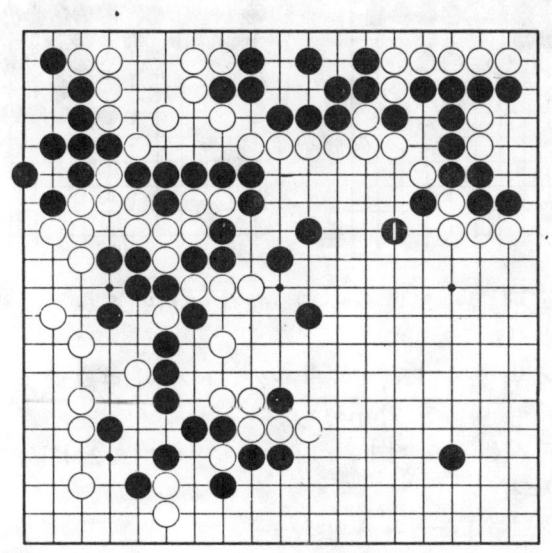

제13형
붙임의 묘

　　제13형 수순의 문제 이것은 나의 흑번의 실전국이다.　흑 1 의 부딪힘에 대하여 여러가지의 변화를 생각해 볼 수가 있 다. 기묘한 형태다. 흑 1 은 우변의 백 4 점에 대하여　중앙으 로 흑을 보강하고 있다.

　　본문제 전에 흑의 모양을 검토해 볼 필요가 있다.

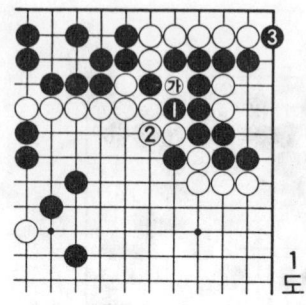

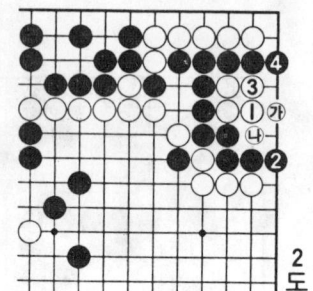

1도

2도

1도 패 흑이 31의 백에 대하여 1, 3이면 흑⑦의 패로 6점의 사활이 걸린다.

2도 빅 백이 1로 내리면 흑2로 빠져 이 다음 백3, 흑4, 흑⑦, 백⑭로 빅이다.

3도 흑생 전도 백1을 1의 곳에 젖히면 흑2이하 6까지 사는 모양.

본 문제는 13도형의 1인데——.

4는 최선의 수순 흑 1에 백2로 받으면 흑3 이 최선의 수순이다.

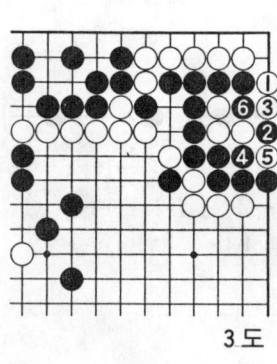

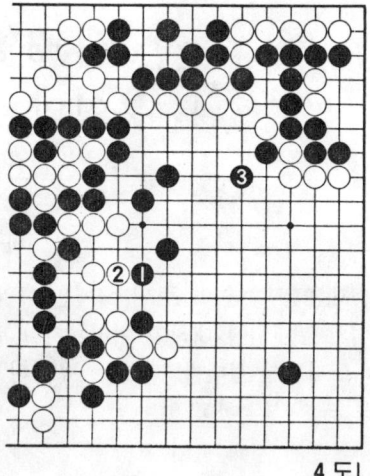

3도

4도

5 도 취하다
흑⬤에 대하여
백 1 이면 2 로
끼어 직접 움직
인다. 이하 6
까지 3 점을 취
할 수 있다. 흑
이 안정이 된 국
면이다.

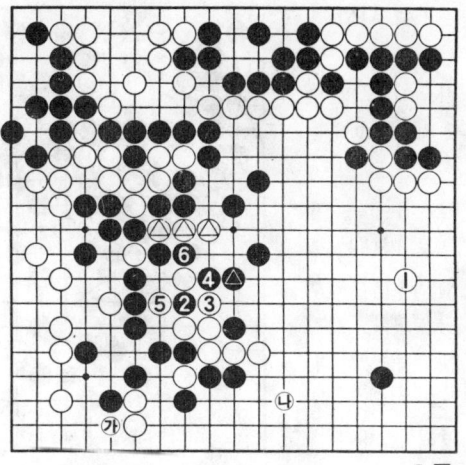

5 도

6 도 백 취하면 흑의 공세
로 백은 전멸이다.

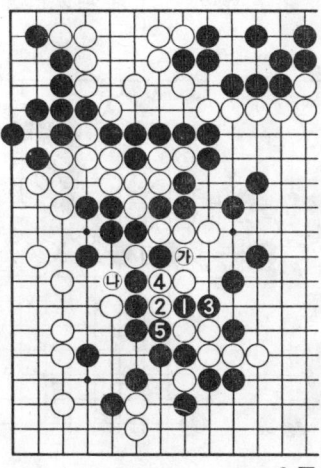

6 도

1보 사석 실전에서 수순을 바꾸어 보면 백 2 의 급소에는 흑 3 으로 받는 다. 5 에는 6 으로 따내는 것 이 두터워 이긴 다. 백은 일거 에 유망하다. 그 다음을 설명해 보자.

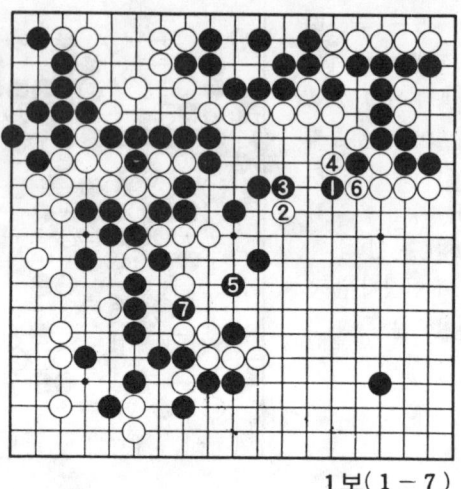

1보(1-7)

7도 이음 흑이 2로 뻗으면 백 3으로 젖혀 끼운다.

8도 뻗음 흑1에 백2 다음 3으로 뻗음에 함정이 있다.

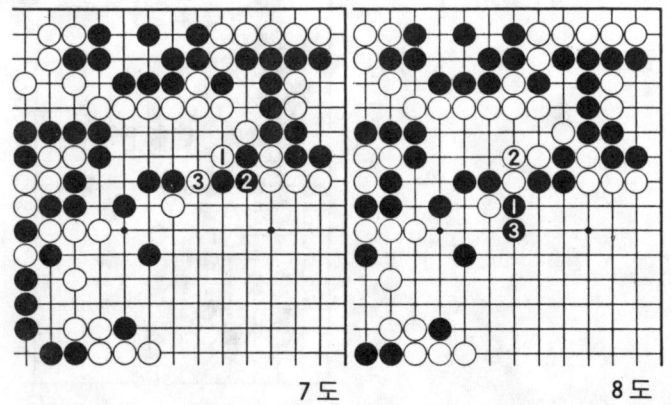

| 7 도 | 8 도 |

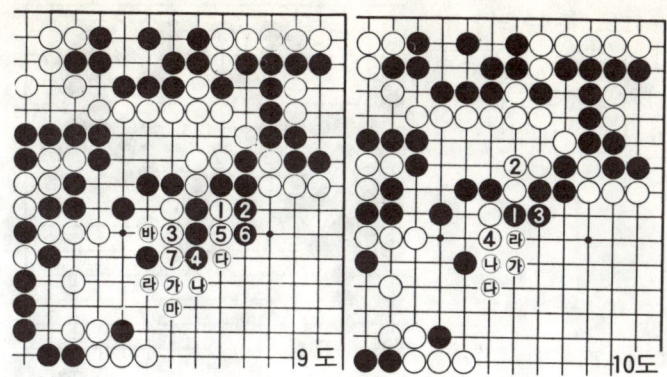

9도 내려섬 중앙을 뻗으면 백 1로 끊어 3까지 된 뒤 5 ,7로 나긴다. 흑㉮의 내려섬에 백은 ㉯, 흑㉰, 백㉱, 흑 ㉲로 상변 흑 일단이 좋지 않다.

10도 젖혀 이음 흑 1, 3으로 젖혀 이으면 이하 2, 4까지 외길. 흑㉮, 백㉯, 흑㉰, 백㉱로 난전이 예상된다.

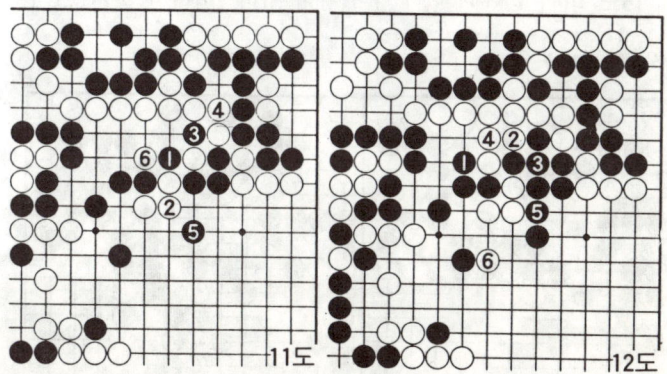

11도 끊음 백 1의 젖힘으로 상변을 끊어 3으로 때린 후 의 변화이다. 9의 이음에 흑 5의 뜀 그다음 6의 끊음 이 문제인데————.

12도 흑 나쁘다 흑 1 의 단수에 백2, 4로 이으면 흑 5 일 때 백 6 의 붙임이 있다.

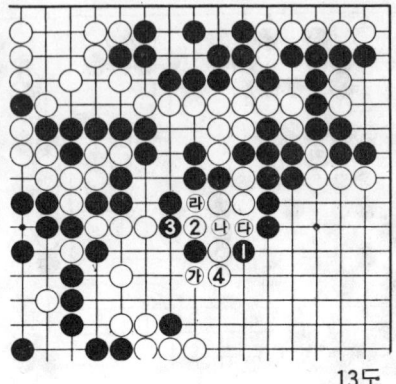

13도

13도 흑 불리 흑 1 로 붙이면 백 2 다음 4 로 빠진다. 백 4 로 ㉮는 흑 ㉯, 백 ㉰, 흑 ㉱로 4 점이 떨어진다.

14도 다른 방법 다음에 백 1 로 잇는 수는 어떨까? 이것 도 하나의 다른 방법이다. 이하 7 까지로 좋지않다.

15도 파괴 다음에 흑 1 의 끊음이 있다. 이하 6 까지 돌파 되는데 ——.

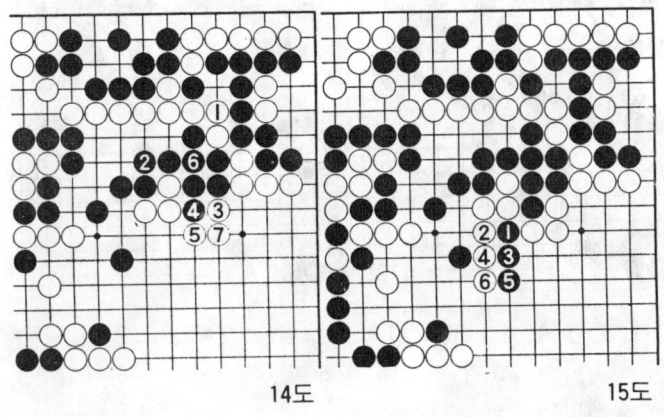

14도   15도

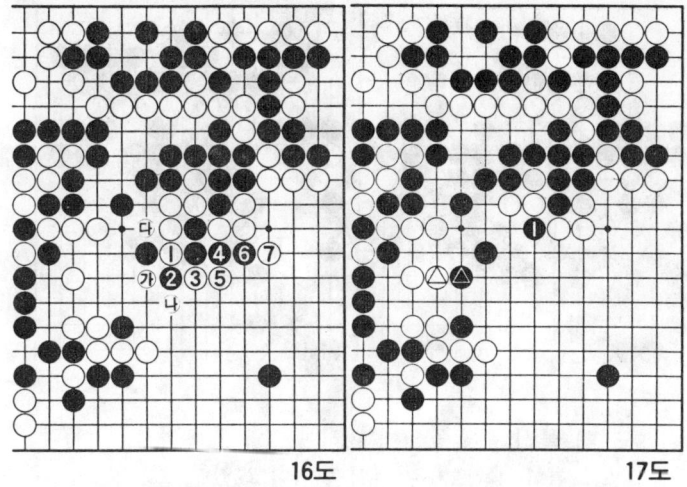

16도   17도

16도 축머리 백 1 로 나가 3 으로 끊어 축이다. 백 5 로 ㉮를 끊으면 흑㉯, 백㉰로 된다.

17도 만족 4 도에서 나타냈듯이 흑△표와 백 △의 교환이 모양이다. 같은 형으로 환원. 본도에서는 1 의 끊음이 성립된다.

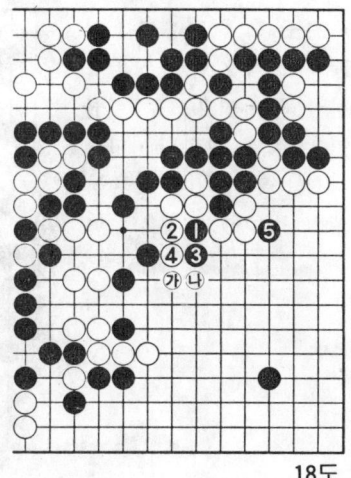

18도

18도 붙임의 묘수 흑 1 에 백 2 , 4 로 나감은 1, 3 다음 5 의 수가 있다. 절묘한 축머리이다.

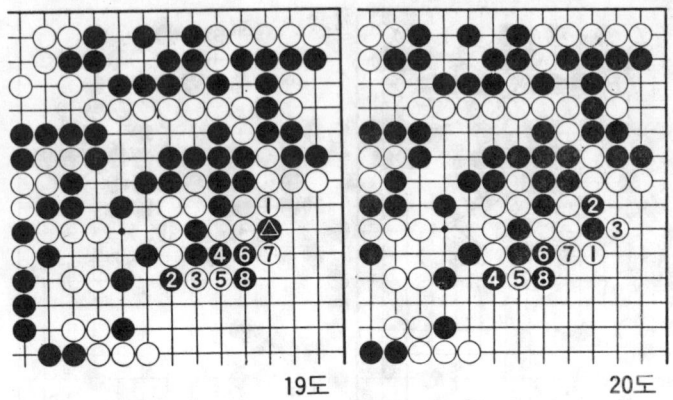

19도   20도

19도 백 불리 흑의 붙임에 대하여 백 1 은 8 까지 축머리가 발동을 한다. △ 표가 사마처럼 버티고 있다.

20도 백 불리 백 1 의 젖힘에 흑 2 는 백 3 다음 8 까있다. 흑은 축머리를 이용.

21도 흑 좋다 흑 1 의
끊음에 백 2 로 중앙의 2
점을 취하면 3 으로 꺼붙
여 4 점을 취한다. 다음
백 ㉮, 흑 ㉯의 수순으로
흑의 대승의 국면.

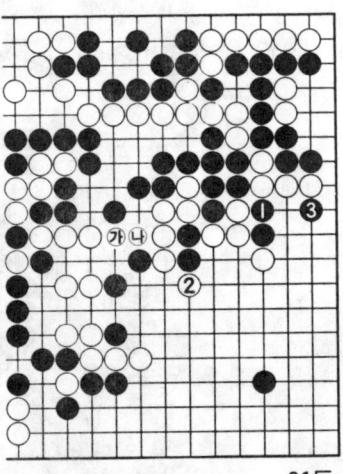

21도

22도 백 실패 백 1에
흑 2, 여기서 백 3으로
한 칸 뜀은 이하 8까지
백이 불리하다. ㉔의 젖
힘으로 3점을 취하는
수가 남는다.

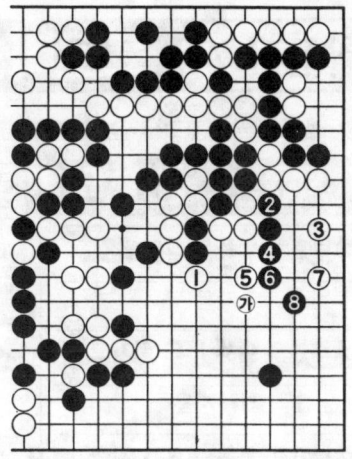

22도

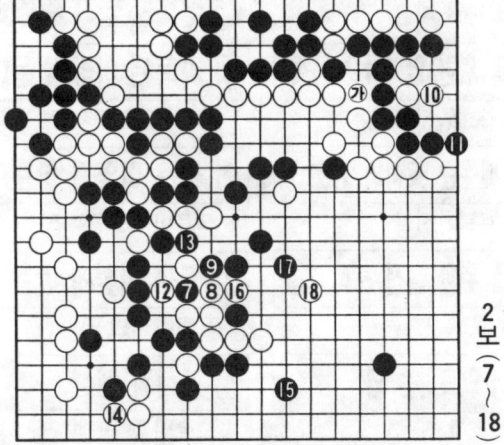

2
보
(7
~
18)

2보 형세불명 흑 7의 꺼붙임에서 백 8로 단수하면 흑
9, 백 10에는 흑 11로 내려섬이 절대이다. 백 12의 젖힘엔
13으로 늘어 이하 18까지 형세가 분명해진다. ㉔의 패가 문
제로 남는다. 승세를 놓친 허다한 반성이 내재된 일국이다.

판 권
본사
소 유

15. 공격의 묘 방어의 묘

2013년 3월 15일 인쇄
2013년 3월 30일 펴냄

옮긴이/ 프로바둑연구회
펴낸이/ 최　　상　　일
펴낸곳/ 구.진화당(태을출판사)
서울특별시 중구 신당6동 52-107 (동아빌딩내)
등록/1973년 1월 10일(제4-10호)

＊잘못된 책은 구입하신 곳에서 교환해 드립니다.

■주문 및 연락처

우편번호 １００-４５６
서울특별시 중구 신당6동 52-107 (동아빌딩 내)
전화 / 2237-5577 팩스 / 2233-6166
ISBN 89-493-0332-9　　　　13690

전화 /233-8166